Zdrowe
koktajle

EWA **CHODAKOWSKA**

Zdrowe koktajle

aktywna

pełna energii

szczupła

MARTA **KIELAK** LEFTERIS **KAVOUKIS**

EDIPRESSE
KSIĄŻKI

Spis koktajli

Śniadania

Przekąski

Health & Beauty

Dla panów

Wstęp

Nasze codzienne posiłki powinny bazować na warzywach i owocach, które są źródłem witamin, składników mineralnych, błonnika, antyoksydantów, jak również wody. Ich zalety można wymieniać bez końca.

Zasada, którą powinniście się kierować przy wyborze posiłków, brzmi:

smacznie, zdrowo i kolorowo.

Postarajcie się, aby warzywa stanowiły w Waszym jadłospisie większość, choć ich minimalną dzienną porcję – 500 gramów – zjeść niełatwo. Zatem zawierające je koktajle mogą być rozwiązaniem idealnym. To bomba witaminowa i zarazem pyszne orzeźwienie, również w ciągu dnia.

Koktajle to idealne rozwiązanie dla:

- zabieganych,
- dzieci,
- kobiet i mężczyzn,
- kobiet w ciąży.

Urozmaicenie posiłków i produktów to jedna z najważniejszych zasad prawidłowego żywienia. Dzięki koktajlom będziecie mogli zjeść – a raczej wypić – dodatkową porcję warzyw.

Komponujcie koktajle stosownie do Waszych potrzeb, smaków i godzin posiłków. Jeżeli do tej pory składały się głównie z owoców, czas je zmodyfikować. Książka dostarczy Wam mnóstwa cennych inspiracji, jak dzięki świeżym składnikom zachować najwięcej ich wartości odżywczej.

> Ważne jest, aby zachować odpowiednie proporcje w koktajlu.

Ważne są odpowiednie proporcje. Idealny skład koktajlu to porcja pół na pół warzywa i owoce, z rozmaitymi dodatkami.

Warzywa liściaste (szpinak, jarmuż, natka pietruszki itp.) dostarczą kwasu foliowego i witaminy A.

Owoce to przede wszystkim cukry proste, dlatego nie powinny stanowić jedynych składników koktajlu. Choć to również doskonałe źródło błonnika i cennych minerałów, nie należy z nimi przesadzać.

Dodatki (pestki, orzechy, oleje itp.) są ważne, gdyż dostarczają, między innymi, tzw. dobrych tłuszczów, które pomagają w przyswajaniu rozpuszczalnych w nich witamin (A, D, E, K). Jeżeli chcecie zwiększyć kaloryczność dania i ilość białka, dodawajcie jogurtów, kefirów, a także mlek roślinnych. Aby całość była jeszcze bardziej sycąca, można wykorzystać płatki zbożowe, otręby, a nawet kasze.

Wybierajcie owoce i warzywa dobrej jakości. Postawcie na lokalnych dostawców. Z im lepszych źródeł będą pochodzić składniki, tym więcej znajdzie się w nich cennej zawartości, a mniej zanieczyszczeń. Owoce i warzywa pochodzące z zagranicy niech zawsze będą dojrzałe i wyszorowane dokładnie przez użyciem.

W sezonie jesienno-zimowym dostęp do owoców jest ograniczony, zatem należy się przygotować i zamrozić porcje świeżych sezonowych, choć, niestety, wówczas zawartość niektórych witamin spada (np. witaminy C). Ale prawidłowe żywienie to sztuka wyboru, więc zimą lepiej używać mrożonych produktów niż dosładzanych przetworów.

Unikajcie mocno przetworzonych i przesłodzonych owoców z puszek i słoików!

Wybierając owoce suszone, czytajcie skład suszu pod kątem dodatku cukru, olejów czy substancji konserwujących.

Użyte w książce **oznaczenia graficzne** pomogą Wam dobrać koktajl do Waszych potrzeb. Jeżeli nie możecie spożywać produktów mlecznych lub glutenu, łatwo sprawdzicie dzięki nim, które propozycje będą dla Was najwłaściwsze.

Jeżeli intensywnie trenujecie, nie powinniście zapominać o posiłkach potreningowych. Koktajl to łatwe i szybkie rozwiązanie, uzupełniające białka, węglowodany i składniki mineralne.

Każdy przepis na koktajl to porcja dla jednej osoby. Żeby poczęstować innych pysznymi koktajlami, przygotuj odpowiednio więcej składników.

Zmiksujmy razem coś pysznego!

bez mleka

bez glutenu

superfoods

po treningu

Uwagi!

- poza sezonem zamiast świeżych składników można użyć mrożonych
- dla ułatwienia waga wszystkich produktów została podana po ich obraniu.

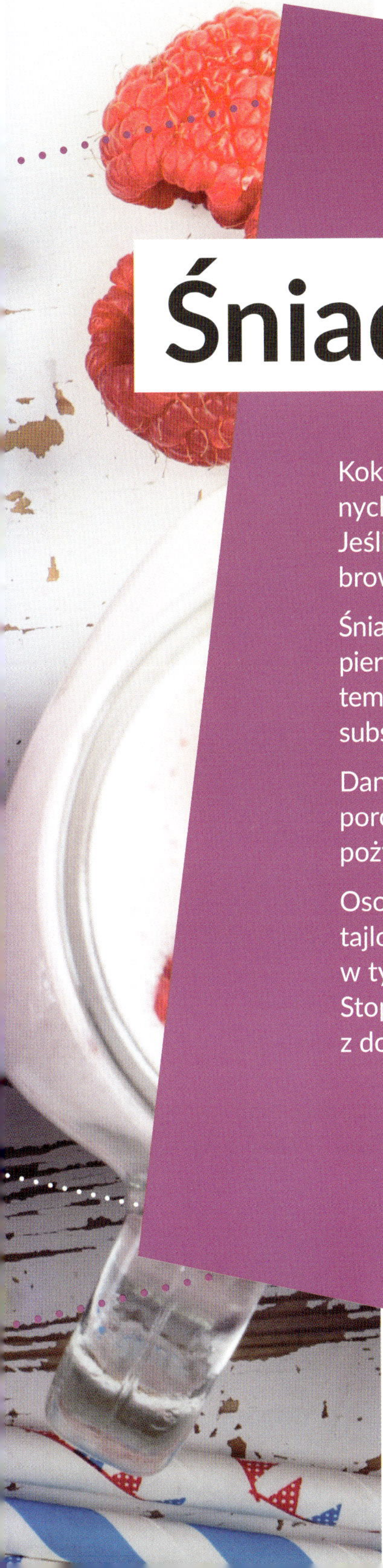

Śniadania

Koktajl na śniadanie może być alternatywą tradycyjnych porannych kanapek, owsianek czy omletów. Jeśli w porannej gonitwie nie macie czasu na celebrowanie posiłków, koktajl to rozwiązanie idealne.

Śniadanie to najważniejszy posiłek w ciągu dnia, pierwszy po nocnej przerwie. Śniadanie powinno zatem uzupełniać energię i dostarczać porządną porcję substancji odżywczych przed intensywnymi zajęciami.

Danie to powinno dostarczać ok. 25–35% dziennej porcji energii. Dlatego poranne koktajle są bardziej pożywne niż inne, wypijane w ciągu dnia.

Osoby, które nie jadają śniadań, mogą dzięki koktajlom wprowadzać je powoli do menu. Pomoże w tym nawet niewielka porcja porannego smoothie. Stopniowo ją zwiększając, oduczycie się wychodzić z domu na czczo.

KOKTAJL
BANANOWO-ŚLIWKOWY

białko: 13 g; **tłuszcze:** 19 g; **węglowodany:** 52 g; **błonnik:** 8 g

banan, średni..1 szt. (120 g)
śliwki suszone....................................5 szt. (15 g)
mleko migdałowe...............................⅔ szklanki (180 g)
migdały..3 łyżki (32 g)

Zblenduj wszystkie składniki.

Witaminy A i B_2 przeważają w tym koktajlu. Dodatkowo zawiera magnez i potas. Te dwa składniki mineralne są niezwykle ważne dla osób regularnie ćwiczących. Banan i migdały świetnie wyrównują ich poziom. Zatem koktajl sprawdzi się nie tylko w porze śniadania, ale również jako posiłek po ciężkim treningu w ciągu dnia.

Wartość energetyczna (porcji): **404 KCAL**

KOKTAJL BANANOWO-CYTRUSOWY Z NUTĄ KOKOSU

białko: 3 g; tłuszcze: 26 g; węglowodany: 47 g; błonnik: 8 g

banan, średni .... 1 szt. (120 g)
pomarańcza, mała .... ½ szt. (70 g)
grejpfrut .... ¼ szt. (70 g)
cynamon mielony .... 2 szczypty (2 g)
olej kokosowy .... 2 łyżeczki (20 g)
wiórki kokosowe .... 3 łyżeczki (9 g)

Obierz owoce. Zblenduj wszystkie składniki.

Porcja tego koktajlu zaspokaja całodzienne zapotrzebowanie na witaminę C. Wszystko to za sprawą pomarańczy i grejpfruta, które orzeźwią i obudzą Cię z rana. Możesz też użyć innych cytrusów w zamian, np. mandarynek. Dzięki dodaniu wiórków kokosowych otrzymamy bogaty w błonnik koktajl. Porcja zapewni ponad 30% dziennej porcji tego składnika.

Wartość energetyczna (porcji): 402 KCAL

KOKTAJL
Z PORZECZKAMI I KAKAO

białko: 19 g; tłuszcze: 18 g; węglowodany: 52 g; błonnik: 10 g

porzeczki czarne	garść (100 g)
ser twarogowy, półtłusty	plaster (50 g)
kakao gorzkie, proszek	łyżka (10 g)
miód pszczeli	2 łyżeczki (28 g)
mleko migdałowe	½ szklanki (125 g)
orzechy włoskie, łuskane	5 szt. (20 g)

Zblenduj wszystkie składniki.

Ten koktajl jest dobrą porcją białka po treningu. Dostarczysz z nim również duże dawki witaminy C i B_2. Dzięki nim wspomożesz swój układ odpornościowy. To wszystko dzięki porzeczkom. Są one skarbnicą zdrowia – doskonałe źródło witaminy C i antocyjanów (antyoksydantów). To nasz polski superfood.

Wartość energetyczna (porcji): **404 KCAL**

KOKTAJL MALINOWO-JEŻYNOWY

białko: 9 g; tłuszcze: 25 g; węglowodany: 48 g; błonnik: 11 g

kefir, 2% tłuszczu .... niepełna szklanka (200 g)
maliny .... 2 garści (120 g)
jeżyny... garść (60 g)
syrop z agawy .... 3 łyżeczki (24 g)
olej kokosowy....................................... 2 łyżki (20 g)

Zblenduj wszystkie składniki.

Ten koktajl zapewni Ci aż 30% dziennej porcji błonnika. Wszystko to dzięki malinom i jeżynom. To one również dają sporą porcję witaminy C. Jeżyny dodatkowo zawierają silne antyoksydanty – antocyjany, które intensywnie chronią organizm przed szkodliwymi wolnymi rodnikami.

Wartość energetyczna (porcji): 409 KCAL

KOKTAJL JAGLANY Z WIŚNIAMI I MALINAMI

białko: **9 g**; tłuszcze: **23 g**; węglowodany: **52 g**; błonnik: **6 g**

maliny	mała garść (50 g)
wiśnie	mała garść (50 g)
kasza jaglana, sucha	3 łyżki (30 g)
cynamon mielony	szczypta (1 g)
miód pszczeli	łyżeczka (14 g)
mleko migdałowe	¾ szklanki (180 g)
olej kokosowy	2 łyżeczki (20 g)

Kaszę ugotuj na sypko. Zblenduj wszystkie składniki.

Kaszę jaglaną lub inne kasze możesz również dodawać do koktajli np. zamiast płatków owsianych. Śniadaniowy koktajl musi zapewniać sporą porcję energii. Przed ugotowaniem przepłucz kaszę, aby nie była gorzka. Ugotuj ją w małej ilości wody, tak aby zachowała sypką konsystencję. Zamiast kaszy możesz użyć płatków jaglanych.

Wartość energetyczna (porcji): **416 KCAL**

KOKTAJL
KOKOSOWO-JAGODOWY

białko: 5 g; tłuszcze: 28 g; węglowodany: 56 g; błonnik: 5 g

czarne jagody .... 2 garści (100 g)
banan, średni .... ½ szt. (120 g)
mleko kokosowe .... ⅓ szklanki (80 ml)
syrop z agawy .... 2 łyżeczki (16 g)
chia, nasiona .... łyżka (10 g)

Zblenduj wszystkie składniki.

Drżenie nóg i powiek, kołatanie serca, problemy ze snem to objawy niedoboru magnezu. Codzienna porcja magnezu i witaminy B_6 m.in. w tym koktajlu wspomoże Cię w uzupełnieniu niedoborów. Jeżeli żyjesz w przewlekłym stresie i pracujesz umysłowo, te dwa składniki są Ci niezwykle potrzebne.

Wartość energetyczna (porcji): **455 KCAL**

KOKTAJL
Z MASŁEM MIGDAŁOWYM

białko: 16 g; tłuszcze: 25 g; węglowodany: 33 g; błonnik: 6 g

banan, średni .... ½ szt. (60 g)
jogurt naturalny, 2% tłuszczu .... kubeczek (150 g)
cynamon mielony .... 2 szczypty (2 g)
masło migdałowe, niesolone .... 2 łyżki (40 g)

Zblenduj wszystkie składniki. Możesz dodać kilka kostek lodu.

Koktajl śniadaniowy powinien być dużo bardziej energetyczny niż ten na podwieczorek. W prosty sposób możesz zwiększyć liczbę kalorii dzięki dodaniu masła orzechowego, migdałowego lub np. pasty tahini. Pamiętaj, aby czytać skład na opakowaniu. Używaj masła z jak najkrótszą listą składników. Powinno ono zawierać minimum 90% orzechów. Jeżeli dysponujesz mocnym blenderem, możesz sama w domu zrobić masło z ulubionych orzechów.

Wartość energetyczna (porcji): **400 KCAL**

KOKTAJL
Z MANGO, Z NUTĄ KOKOSU

białko: 10 g; tłuszcze: 20 g; węglowodany: 54 g; błonnik: 6 g

mango	½ szt. (120 g)
chia, nasiona	2,5 łyżki (25 g)
cynamon mielony	szczypta (1 g)
miód pszczeli	łyżeczka (14 g)
mleko kokosowe	⅔ szklanki (160 g)
wiórki kokosowe	2 łyżki (16 g)
woda	50 ml

Nasiona chia zalej gorącą wodą. Odstaw na 30 minut. Mango obierz i zblenduj z mlekiem kokosowym i wiórkami. Wymieszaj wszystkie składniki.

Mango jest przepyszne. Naturalna słodycz owocu jest bezkonkurencyjna z przetworzonymi słodyczami. Mango idealnie pasuje do koktajli, owsianek, puddingów z nasionami chia i sałatek. Dodając mango do posiłków, wzbogacasz swój organizm w witaminę A. Nie używaj mango z puszki, ponieważ jest mocno dosładzane i ma zbyt długą datę ważności.

Wartość energetyczna (porcji): **402 KCAL**

SHAKE
CHAŁWOWO-OWOCOWY

białko: 13 g; tłuszcze: 17 g; węglowodany: 53 g; błonnik: 4 g

banan, mały .... 1 szt. (80 g)
jogurt naturalny, 2% tłuszczu .... kubeczek (150 g)
chałwa waniliowa .... 2 łyżki (40 g)
świeżo wyciskany sok z pomarańczy .... ¼ szklanki (60 g)

Zblenduj wszystkie składniki.

Masz czasem nieodpartą ochotę na coś słodkiego? Niektóre słodycze w rozsądnych ilościach możesz włączyć jako element posiłku. Pamiętaj, że to jednak słodkości, dlatego zwracaj uwagę, jak często je zjadasz.

Wartość energetyczna (porcji): 400 KCAL

KOKTAJL OWOCOWY Z PŁATKAMI GRYCZANYMI

białko: 12 g; tłuszcze: 14 g; węglowodany: 61 g; błonnik: 6 g

orzechy nerkowca	2 łyżki (20 g)
banan, średni	1 szt. (120 g)
truskawki	⅓ szklanki (40 g)
płatki gryczane	2 łyżki (20 g)
wanilia	2 kuleczki (1 g)
kakao gorzkie, proszek	łyżka (10 g)
mleko migdałowe	½ szklanki (125 g)

Zblenduj wszystkie składniki.

Możesz użyć samodzielnie zrobionego mleka migdałowego. Łyżeczkę łuskanych migdałów zalej ⅓ szklanki wody. Pozostaw na 12 godzin, następnie zblenduj dokładnie. Żeby uzyskać smakowe mleko migdałowe, możesz dodać gorzkiego kakao lub cynamonu. I gotowe! Jeśli zrobisz je sama, będziesz pewna, że nie zawiera innych dodatków.

Wartość energetyczna (porcji): **400 KCAL**

KOKTAJL Z AWOKADO I KAKAO

białko: 5 g; tłuszcze: 24 g; węglowodany: 55 g; błonnik: 6 g

awokado .... ½ szt. (70 g)
kakao gorzkie, proszek .... łyżka (10 g)
gruszka, mała .... 1 szt. (60 g)
banan, duży .... 1 szt. (190 g)
olej kokosowy .... łyżeczka (10 g)
mleko ryżowe .... ⅓ szklanki (80 g)

Obierz awokado. Zblenduj owoce z mlekiem i olejem. Następnie wymieszaj z kakao.

Ten koktajl świetnie uzupełni magnez i potas. Dzieje się to za sprawą kakao i awokado. Dodatkowo gorzkie kakao zawiera tryptofan, który bierze udział w powstawaniu serotoniny. Dzięki temu wpływa na poprawę nastroju. Spróbuj także surowego kakao. Ma ono więcej składników odżywczych niż to tradycyjne. Nie używaj granulowanego i dosładzanego kakao.

Wartość energetyczna (porcji): **427 KCAL**

KOKTAJL
ŚLIWKOWO-PORZECZKOWY

białko: 17 g; tłuszcze: 22 g; węglowodany: 53 g; błonnik: 11 g

jogurt naturalny, 2% tłuszczu ....kubeczek (150 g)
śliwki suszone.......................................8 szt. (24 g)
migdały...3 łyżki (32 g)
płatki owsiane ....2 łyżki (20 g)
porzeczki czarne ....mała garść (50 g)

Zblenduj wszystkie składniki.

Suszone śliwki zjedzone rano pobudzą Twoje jelita do pracy. Zawierają rozpuszczalny błonnik (pektyny), który poprawia pracę przewodu pokarmowego. Śliwki są pomocne w zaparciach. Suszone śliwki polecane są osobom, które muszą kontrolować poziom żelaza, m.in. wegetarianom.

Wartość energetyczna (porcji): **434 KCAL**

KOKTAJL
Z BRZOSKWINIĄ I GRANATEM

białko: 15 g; **tłuszcze:** 21 g; **węglowodany:** 44 g; **błonnik:** 7 g

brzoskwinia, świeża .... 1 szt. (150 g)
cynamon mielony .... szczypta (1 g)
jogurt naturalny, 2% tłuszczu .... ⅔ szklanki (180 g)
granat, pestki .... 4 łyżki (60 g)
orzechy włoskie, łuskane .... 7 szt. (28 g)
mięta, świeża .... łyżeczka (2 g)

Zblenduj wszystkie składniki.

Granat jest niezwykle zdrowym owocem. W średniowieczu uznawany był za owoc długowieczności. Słusznie, gdyż współcześnie już wiadomo, że działa przeciwzapalnie i antynowotworowo. Zawiera więcej cennych polifenoli (przeciwutleniaczy) niż zielona herbata! Granat poprawia również przepływ krwi w organizmie, dlatego polecany jest osobom z chorobami układu krążenia. Wpływa także na stan skóry. Dodawaj ten owoc do koktajli, sałatek i zup typu krem.

Wartość energetyczna (porcji): **412 KCAL**

KOKTAJL „ANANASOWY PORANEK"

białko: 17 g; **tłuszcze:** 20 g; **węglowodany:** 48 g; **błonnik:** 9 g

ananas, świeży .... 3 plastry (90 g)
pomarańcza, mała .... 1 szt. (150 g)
migdały, płatki .... 3 łyżki (30 g)
jogurt naturalny, 2% tłuszczu .... ⅔ szklanki (180 g)
mięta, świeża .... 5 łyżek (25 g)

Zblenduj wszystkie składniki.

Jeżeli szukasz koktajlu uzupełniającego poziom magnezu – ten jest dla Ciebie. Smak koktajlu podkreśli świeża mięta. Intensywne orzeźwienie rano przyda się każdemu. Nie dość, że smaczna, to jeszcze zdrowa, gdyż łagodzi skurcze i napięcie w przewodzie pokarmowym. Szczególnie pomaga w dolegliwościach żołądka i jelit.

Wartość energetyczna (porcji): **411 KCAL**

KOKTAJL
Z NEKTARYNKI I CHIA

białko: 7 g; **tłuszcze:** 27 g; **węglowodany:** 38 g; **błonnik:** 13 g

chia, nasiona	2 łyżki (20 g)
wanilia	2 kuleczki (1 g)
nektarynka, świeża	1 szt. (160 g)
marchew	½ sztuki (50g)
awokado	½ szt. (70 g)
olej kokosowy	łyżeczka (10 g)
miód pszczeli	łyżeczka (14 g)

Zblenduj wszystkie składniki.

Nasiona chia nazywane są również szałwią hiszpańską. To bogate źródło dobrych tłuszczów, m.in. kwasu alfa-linolenowego znanego jako kwas omega-3. Pomagają utrzymać prawidłowy poziom cholesterolu. Nasiona chia działają najkorzystniej namoczone w formie puddingu lub zmiksowane w koktajlu. Jeżeli nie lubisz lub nie możesz jeść ryb, chia pomogą Ci uzupełnić ilość pożytecznych kwasów omega-3.

Wartość energetyczna (porcji): **400 KCAL**

KOKTAJL POMARAŃCZOWY Z DODATKIEM RICOTTY

białko: 18 g; **tłuszcze:** 22 g; **węglowodany:** 44 g; **błonnik:** 6 g

jogurt naturalny, 2% tłuszczu .... ⅔ szklanki (150 g)
cynamon mielony................................ 2 szczypty (2 g)
ser ricotta, z pełnego mleka .... 2 łyżki (40 g)
pomarańcza, średnia .... 1 szt. (200 g)
orzechy nerkowca............................... 3 łyżki (30 g)

Zblenduj wszystkie składniki.

Tym koktajlem wzbogacisz swój organizm o wapń. To pierwiastek niezbędny dla naszego zdrowia. Jest on potrzebny nie tylko do prawidłowej budowy kości i zębów. Odpowiada również za przekazywanie impulsów nerwowych i prawidłową pracę układu nerwowego. Prawidłowa krzepliwość krwi i gojenie się ran to też jego zasługa.

Wartość energetyczna (porcji): **418 KCAL**

KOKTAJL Z TRUSKAWKAMI I PORZECZKAMI

białko: 14 g; tłuszcze: 24 g; węglowodany: 43 g; błonnik: 10 g

jogurt naturalny, 2% tłuszczu ....¾ szklanki (180 g)
truskawki ....szklanka (160 g)
porzeczki czerwone...........................mała garść 50 g
syrop z agawy ....2 łyżeczki (10 g)
orzechy laskowe, łuskane ....2 łyżki (32 g)

Zblenduj wszystkie składniki. Posyp pokruszonymi orzechami.

Nie zapominaj także o niezwykle zdrowych czerwonych czy białych porzeczkach. Jeżeli są dla Ciebie za kwaśne, dodawaj je właśnie do koktajli. Pozostałe owoce zniwelują kwaśny smak. Obok takiej ilości witaminy C nie można przejść obojętnie!

Wartość energetyczna (porcji): **401 KCAL**

SHAKE
BANANOWO-MORELOWY

białko: **14 g**; tłuszcze: **17 g**; węglowodany: **58 g**; błonnik: **5 g**

banan, średni	1 szt. (120 g)
morela, mała	1 szt. (35 g)
płatki jaglane	2 łyżki (12 g)
jogurt naturalny, 2% tłuszczu	szklanka (150 g)
tahini (pasta sezamowa)	2 łyżki (24 g)
cynamon mielony	2 szczypty (2 g)
imbir mielony	szczypta (1 g)

Zblenduj wszystkie składniki.

Tahini to pasta z sezamu. Możesz kupić gotową lub zrobić ją sama. Wystarczy dokładnie zmiksować ziarna sezamu. Warto, aby pojawiła się ona w Twojej kuchni, gdyż zawiera korzystny wapń. Sprawdzi się także jako dodatek do strączkowych past na kanapki, do mięs, ale też koktajli i deserów.

Wartość energetyczna (porcji): **412 KCAL**

KOKTAJL **KAWOWY**

białko: 8 g; tłuszcze: 23 g; węglowodany: 52 g; błonnik: 7 g

banan, średni	1 szt. (120 g)
orzechy laskowe, łuskane	2 łyżki (32 g)
cynamon mielony	łyżeczka, płaska (3 g)
kawa parzona, bez cukru	¼ kubka (60 g)
miód pszczeli	łyżeczka (14 g)
kakao gorzkie, proszek	łyżka (10 g)

Kawę zaparz w ekspresie. Zblenduj wszystkie składniki.

Jeżeli rano brakuje Ci energii, połączenie kawy i kakao postawi Cię na nogi! Kawę możesz stosować również jako dodatek do smoothie. Zawiera ona flawonoidy, które zmniejszają wchłanianie glukozy do krwi, co korzystnie wpływa na metabolizm. Za to polifenole w kawie działają przeciwmiażdżycowo. Nie musisz pić dużej kawy z mlekiem, żeby się obudzić.

Jeżeli koktajl będzie za gęsty, dodaj troszkę wody.

Wartość energetyczna (porcji): 417 KCAL

KOKTAJL
BANANOWO-DAKTYLOWY

białko: 12 g; tłuszcze: 17 g; węglowodany: 61 g; błonnik: 5 g

banan, średni .... 1 szt. (120 g)
daktyle, suszone .... 5 szt. (23 g)
masło z orzechów nerkowca, niesolone..... łyżka (25 g)
mleko, 2% tłuszczu .... ⅔ szklanki (180 g)
mięta, świeża .... łyżka (5 g)

Zblenduj pierwsze cztery składniki. Koktajl udekoruj miętą.

Jeżeli dbasz o poziom magnezu, wybierz to śniadanie. Banan, masło orzechowe i daktyle zapewnią Ci połowę dziennego zapotrzebowania na magnez. Pierwiastek ten ma szczególne znaczenie dla osób ćwiczących. Podczas aktywności fizycznej organizm traci m.in. magnez wraz z potem. Dlatego tak ważne jest, aby uzupełniać go na bieżąco.

Wartość energetyczna (porcji): **418 KCAL**

KOKTAJL „ZIELONE ŚNIADANIE"

białko: 10 g; tłuszcze: 33 g; węglowodany: 29 g; błonnik: 8 g

awokado	1 szt. (140 g)
brokuł, różyczki	mała garść (50 g)
pietruszka, natka	5 łyżek (20 g)
słonecznik łuskany	2 łyżki (20 g)
sok z cytryny	6 łyżek (36 g)
płatki owsiane	łyżka (10 g)
woda	¼ szklanki (60 ml)

Zblenduj wszystkie składniki.

Brokuły są świetnym źródłem sulforafanu. To związek, który ma właściwości antynowotworowe. Najlepiej przyswajalny jest z brokułów surowych lub gotowanych na parze. Bogate w sulforafan są też kiełki brokułów. Brokuły zawierają również witaminy C, B_1 i zeaksantynę, które działają ochronnie na wzrok.

Wartość energetyczna (porcji): **407 KCAL**

KOKTAJL MALINOWO-TWAROGOWY

białko: 26 g; tłuszcze: 18 g; węglowodany: 44 g; błonnik: 12 g

ser twarogowy, półtłusty .... ⅓ kostki (70 g)
kefir, 2% tłuszczu .... ⅔ szklanki (180 g)
maliny .... szklanka (150 g)
gałka muszkatołowa, mielona .... szczypta (1 g)
migdały .... 2 łyżki (20 g)
miód pszczeli .... łyżeczka (14 g)

Zblenduj wszystkie składniki.

Takie śniadanie to białkowe wzmocnienie o poranku i po intensywnym treningu. Dodatkowo z tym koktajlem dostarczysz ponad 40% dziennej porcji błonnika. Jest on niezwykle ważnym elementem żywienia. Wspomaga pracę jelit, ale też wiąże cholesterol i metale ciężkie. Aby błonnik działał na Twoją korzyść, potrzebuje odpowiedniej ilości wody. Dlatego należy wypijać jej codziennie przynajmniej 1,5 l.

Wartość energetyczna (porcji): **400 KCAL**

KOKTAJL
Z AWOKADO I JABŁKA

białko: 7 g; tłuszcze: 23 g; węglowodany: 54 g; błonnik: 12 g

awokado .... 1 szt. (140 g)
jabłko, średnie .... 1 szt. (188 g)
ogórek-wąż .... ½ szt. (55 g)
szpinak, liście .... garść (38 g)
płatki jęczmienne .... 2 łyżki (20 g)
świeżo wyciskany sok z limonki ...... 5 łyżek (30 g)

Zblenduj wszystkie składniki.

W tym zielonym koktajlu znajdziesz 100% dziennej porcji witaminy C. Jest ona również ważna ze względu na udział w tworzeniu się kolagenu. Zatem odpowiada za sprężystość stawów i skóry. Ilość kolagenu spada wraz z wiekiem, dlatego tak ważne jest, aby witaminy C nam nie zabrakło. To wsparcie m.in. dla stawów.

Wartość energetyczna (porcji): **401 KCAL**

KOKTAJL
JOGURTOWY Z TAHINI I GRANATEM

białko: 15 g; tłuszcze: 22 g; węglowodany: 41 g; błonnik: 4,5 g

jogurt naturalny, 2% tłuszczu ....⅔ szklanki (180 g)
miód pszczeli..łyżeczka (14 g)
tahini (pasta sezamowa)....................2 łyżki (24 g)
migdały..łyżka (10 g)
granat, pestki ....4 łyżki (60 g)

Jogurt zblenduj z migdałami i tahini.
Polej miodem i posyp pestkami granatu.

Ukoisz nerwy dzięki witaminom z grupy B w tym koktajlu. Złe samopoczucie, rozdrażnienie, napięcie, a także brak koncentracji mogą być spowodowane niedoborami tych witamin. Biorą one również udział w metabolizmie węglowodanów, dostarczając odpowiedniej dawki energii do układu nerwowego.

Wartość energetyczna (porcji): **404 KCAL**

KOKTAJL
Z BURAKA I OWOCÓW (PORANNY)

białko: 9 g; tłuszcze: 20 g; węglowodany: 57 g; błonnik: 15 g

burak, mały	1 szt. (100 g)
siemię lniane	2 łyżki (20 g)
płatki owsiane	3 łyżeczki (15 g)
oliwa z oliwek	łyżka (10 g)
jabłko, małe	1 szt. (100 g)
banan, średni	½ szt. (60 g)
seler korzeniowy	¼ szt. (60 g)

Warzywa obierz i zblenduj z olejem i jabłkiem. W trakcie blendowania dodawaj pozostałe składniki.

Siemię lnianie zawiera cenne kwasy tłuszczowe. Używaj go w formie pestek, nie kupuj już zmielonego. Przed użyciem możesz je lekko ugnieść w moździerzu lub dokładnie zmiksować w koktajlu. Dopiero wtedy cenne składniki będą miały szansę się przyswoić. Dodatkowo siemię lniane działa kojąco na układ pokarmowy. Pomaga w stanach zapalnych żołądka czy zaparciach.

Wartość energetyczna (porcji): 404 KCAL

Koktajle i przekąski

Koktajle proponuję Wam najczęściej na drugie śniadanie lub podwieczorek. To dobre rozwiązanie, gdy nie potraficie znaleźć wystarczająco dużo czasu na przygotowanie kolejnego – czwartego lub piątego – posiłku w ciągu dnia. Po prostu zróbcie zawczasu porcję koktajlu, wlejcie ją do bidonu (koniecznie sprawdźcie jego szczelność!) i wypijcie o odpowiedniej porze dnia.

Wiadomo, że „je się oczami", zatem im ciekawszy kolor koktajlu, tym lepiej. Bo tym chętniej się do niego wraca. Słodycze w pracy czy szkole już nie kuszą tak bardzo, kiedy czeka na Was barwny i naturalnie słodki napój.

Jeżeli przepisy z tej sekcji Wam posmakują, możecie dołączyć niewielkie porcje koktajlów również do pierwszego śniadania (np. do małych kanapek czy jajecznicy).

Prawidłowe żywienie od razu staje się łatwiejsze!

KOKTAJL
ANANASOWO-MALINOWY

białko: **4 g**; tłuszcze: **6 g**; węglowodany: **36 g**; błonnik: **7 g**

ananas, świeży	4 plastry (120 g)
maliny	garść (60 g)
mleko ryżowe	½ szklanki (125 g)
sezam, nasiona	2 łyżeczki (10 g)

Zblenduj wszystkie składniki. Schłodź przed podaniem.

Ananas zawiera bromelainę, to substancja, która wspiera metabolizm. Enzym ten wpływa korzystnie również na nawodnienie organizmu. Ananas zawiera błonnik, tzw. pektyny, które pęcznieją w przewodzie pokarmowym, dając poczucie sytości. Zatem warto włączyć go do swojego menu. Pamiętaj, aby kupować świeżego ananasa. W puszkach lub suszony zawiera dodatek cukru.

Wartość energetyczna (porcji): **204 KCAL**

KOKTAJL
AWOKADO-JARMUŻ

białko: **4 g**; tłuszcze: **6 g**; węglowodany: **39 g**; błonnik: **8 g**

gruszka, średnia .... 1 szt. (160 g)
awokado .... ¼ szt. (35 g)
jarmuż, liście .... garść (40 g)
kiwi, małe .... 1 szt. (80 g)

Obierz awokado. Zblenduj wszystkie składniki.

Jarmuż to skarbnica witamin C i K. Ich zestawienie skutecznie wspiera układ krążenia. Witamina C wzmacnia naczynia krwionośne, za to witamina K jest niezbędna w procesach krzepnięcia krwi. Jarmuż ma też właściwości antynowotworowe dzięki takim związkom jak karotenoidy i sulforafan. Ten koktajl na pewno przypadnie Ci do gustu.

S

Wartość energetyczna (porcji): 199 KCAL

KOKTAJL „KOKOSOWE MANGO"

białko: 2 g; tłuszcze: 8 g; węglowodany: 32 g; błonnik: 6 g

mango .... ½ szt. (120 g)
wiórki kokosowe .... 4 łyżeczki (12 g)
woda kokosowa .... ¼ szklanki (62 g)
jabłko .... ¼ szt. (50 g)

Obierz mango i wydrąż jabłko.
Następnie zblenduj wszystkie składniki.

Mango pozwoli Ci utrzymać odpowiedni poziom witaminy A w organizmie. W roślinach występuje ona w postaci prowitaminy A. Ponieważ jest rozpuszczalna w tłuszczach, wymaga dodatku np. oliwy lub orzechów. Zawdzięczamy jej dobry wzrok czy odpowiedni poziom hormonów.

Wartość energetyczna (porcji): **188 KCAL**

KOKTAJL
MELON-GRUSZKA

białko: 6 g; tłuszcze: 10 g; węglowodany: 26 g; błonnik: 5 g

melon miodowy, obrany, bez pestek ...... ⅔ szklanki (100 g)
gruszka, mała .... 1 szt. (65 g)
pietruszka, natka .... 4 łyżki (16 g)
migdały .... 2 łyżki (20 g)
świeżo wyciskany sok z cytryny .... 3 łyżki (20 g)

Zblenduj wszystkie składniki.

Natka pietruszki to prawdziwa skarbnica witaminy C i żelaza. Zestawienie tych dwóch składników zwiększa przyswajalność żelaza. O prawidłowy poziom żelaza szczególnie powinny dbać kobiety. U osób, które mają nawracającą anemię, nie jedzą mięsa i intensywnie trenują, natka pietruszki powinna pojawiać się w menu codziennie.
Natka pietruszki to nasze polskie superfoods. Posadź ją w domu w doniczce i dodawaj do wszelkich dań.

Wartość energetyczna (porcji): **197 KCAL**

KOKTAJL
Z RZODKIEWEK

białko: **11 g**; tłuszcze: **8 g**; węglowodany: **18 g**; błonnik: **5 g**

jogurt naturalny, 2% tłuszczu ....szklanka (180 g)
rzodkiewka ....4 szt. (60 g)
rzodkiewka, kiełki ....łyżka (10 g)
pieprz czarny, mielony.......................szczypta (1 g)
siemię lniane ....łyżka (10 g)

Zblenduj wszystkie składniki.

Kiełki to prawdziwa koncentracja witamin, składników mineralnych i aminokawsów. W małej porcji zawierają magnez, potas, kwas foliowy i błonnik. Możesz wykorzystać również kiełki lucerny czy niezwykle cenne kiełki brokułów. Kiełki możesz sama wyhodować w domu. Dzięki temu będziesz je mogła dodawać codziennie do potraw. Śmiało możesz je zaliczyć do superzdrowych produktów.

Wartość energetyczna (porcji): **177 KCAL**

KOKTAJL
Z MORELAMI I BANANEM

białko: 4 g; tłuszcze: 8 g; węglowodany: 34 g; błonnik: 4 g

banan, mały .... 1 szt. (80 g)
orzechy włoskie, łuskane .... 3 szt. (12 g)
morele, suszone .... 3 szt. (18 g)
woda .... 80 ml

**Morele mocz w wodzie przez kilka godzin.
Dodaj do reszty składników i zblenduj.**

Morele suszone zawierają beta-karoten. Dzięki niemu wesprzesz Twoją skórę i wzrok. Wybieraj je dokładnie i nie kupuj tych siarkowanych – idealnie pomarańczowych. Morele działają również zasadotwórczo, dzięki czemu regulują gospodarkę kwasowo-zasadową organizmu.

Wartość energetyczna (porcji): **204 KCAL**

KOKTAJL BANANOWO-BURACZKOWY

białko: 5 g; tłuszcze: 5 g; węglowodany: 40 g; błonnik: 4 g

burak, mały .... ½ szt. (50 g)
banan, średni .... 1 szt. (120 g)
migdały łuskane .... łyżka (10 g)
świeżo wyciskany sok z pomarańczy .... ¼ szklanki (60 g)

Obierz buraka i banana. Zblenduj wszystkie składniki.

Ten koktajl to kolejne dobre połączenie witaminy B_6 i magnezu. Wszystko to dzięki połączeniu bananów z migdałami. Jeżeli nie masz możliwości zrobić koktajlu, a przychodzi czas na II śniadanie lub podwieczorek, zawsze możesz w sklepie kupić te produkty zamiast gotowego batonika. Pamiętaj jednak, aby pilnować porcji migdałów. Mimo iż bardzo zdrowe, są dość kaloryczne.

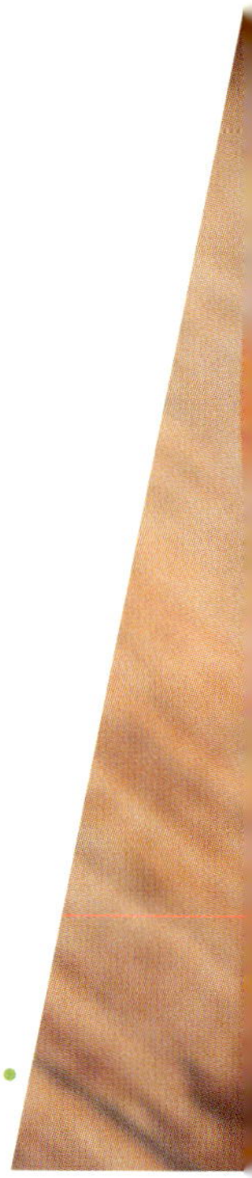

Wartość energetyczna (porcji): **212 KCAL**

KOKTAJL „JARMUŻOWY ANANAS”

białko: 5 g; tłuszcze: 11 g; węglowodany: 28 g; błonnik: 6 g

jarmuż, liście..garść (50 g)
ananas, świeży....................................4 plastry (120 g)
seler naciowy......................................2 łodygi (60 g)
oliwa z oliwek ....łyżka (10 g)
otręby gryczane...................................łyżka (10 g)

Ananasa obierz i pokrój w cząstki.
Selera dokładnie obierz z włókien.
Zblenduj wszystkie składniki.

Duża zawartość witamin A, C i E to zalety tego koktajlu. Jak już wiesz, to jedne z najsilniejszych antyoksydantów. Dodatkowo ten koktajl będzie pomagał w regulacji poziomu wody w organizmie. Przyczyni się do tego seler naciowy. Jeżeli nie jesteś jego fanką, w tym koktajlu nawet go nie wyczujesz.

S

Wartość energetyczna (porcji): **200 KCAL**

KOKTAJL
À LA MANGO LASSI

białko: 13 g; tłuszcze: 17 g; węglowodany: 53 g; błonnik: 4 g

mango	½ szt. (120 g)
jogurt naturalny, 2% tłuszczu	⅓ szklanki (80 g)
miód pszczeli	½ łyżeczki (7 g)
wiórki kokosowe	łyżeczka (3 g)
sok z limonki	3 łyżki (20 g)
kurkuma mielona	szczypta (1 g)
cynamon mielony	szczypta (1 g)

Zblenduj jogurt z obranym mango, miodem i przyprawami. Wymieszaj z wiórkami kokosowymi.

Kurkuma znana była w Azji jeszcze przed naszą erą. W Polsce popularna jest stosunkowo od niedawna. Warto ją wprowadzić do codziennego menu, ze względu na przeciwnowotworowe właściwości. Działa profilaktycznie dzięki związkowi – kurkuminie. Dodatkowo poprawia trawienie, zwiększając liczbę wydzielanych enzymów trawiennych. Działa również ochronnie na komórki wątroby.

Wartość energetyczna (porcji): **180 KCAL**

KOKTAJL
Z WINOGRONAMI I SPIRULINĄ

białko: 7 g; tłuszcze: 9 g; węglowodany: 23 g; błonnik: 3 g

winogrona, zielone .... 4 szt. (60 g)
banan .... ⅓ szt. (40 g)
szpinak, liście .... mała garść (20 g)
spirulina suszona, zmielona .... łyżeczka (5 g)
sezam, nasiona .... łyżka (13 g)

Winogrona oczyść z pestek. Zblenduj wszystkie składniki.

Winogrona zawierają cenny związek, resweratrol. Należy on do polifenoli – grupy antyoksydantów, które niszczą wolne rodniki i chronią DNA. Należy jednak zwracać uwagę na porcje tych owoców, gdyż zawierają sporo cukrów prostych. Zamiast zielonych winogron możesz użyć czerwonych – mają one więcej właściwości przeciwzakrzepowych.

Wartość energetyczna (porcji): **180 KCAL**

KOKTAJL „ZIELONO MI”

białko: 5 g; tłuszcze: 7 g; węglowodany: 27 g; błonnik: 9 g

kiwi, małe .... 1 szt. (80 g);
jabłko, średnie .... ½ szt. (80 g)
szpinak, liście .... garść (50 g)
siemię lniane .... 3 łyżeczki (15 g)

Obrane kiwi i wydrążone jabłko zblenduj z resztą składników.

Witamina C i foliany. To świetne orzeźwienie, kiedy w ciągu dnia brakuje Ci energii. Szczególnie foliany ważne są dla kobiet planujących ciążę. Ich niedobór może odpowiadać za wady układu nerwowego u płodu. Dlatego przed planowaną ciążą dobrze zwiększyć ilość spożywanych zielonych warzyw liściastych, brokułów czy brukselki.

Wartość energetyczna (porcji): **170 KCAL**

KOKTAJL MANDARYNKOWO--BANANOWY

białko: 17 g; tłuszcze: 22 g; węglowodany: 53 g; błonnik: 11 g

mandarynki..2 szt. (75 g)
banan, średni.....................................½ szt. (60 g)
słonecznik łuskany ....3 łyżeczki (15 g)
cynamon mielony..............................szczypta (1 g)
mleko ryżowe.....................................¼ szklanki (60 g)

Obierz mandarynki. Zblenduj wszystkie składniki.

Aby Twoje koktajle nabrały wyraźnego aromatu, nie zapominaj także o przyprawach. Cynamon pasuje do większości owoców. Warto go dodawać, gdyż zawiera związki antynowotworowe. Dodatkowo wspomaga regulację poziomu cholesterolu i glukozy we krwi. Polecany jest również w celu poprawy przemiany materii. Zatem śmiało dodawaj cynamon do koktajli, owsianek, sałatek i zup.

Wartość energetyczna (porcji): **206 KCAL**

KOKTAJL „POMARAŃCZOWA ŚWIEŻOŚĆ”

białko: 6 g; tłuszcze: 7 g; węglowodany: 32 g; błonnik: 11 g

siemię lniane .... 3 łyżeczki (15 g)
kmin rzymski, mielony .... szczypta (1 g)
pomarańcza, mała.............................. 1 szt. (150 g)
marchew, średnia.............................. 1 szt. (105 g)
imbir, korzeń.. łyżeczka (5 g)

**Obierz pomarańczę, marchew i imbir.
Zblenduj wszystkie składniki.**

Kmin rzymski to arabska przyprawa stosowana m.in. do sosów czy dań ze strączkami, np. hummusu. Świetnie sprawdza się również do sałatek owocowych i koktajli, nadając im świeży i lekko kwaśny smak. Kmin to także prawdziwe wsparcie dla Twoich jelit. Szczególnie pomocny jest w niestrawności i wzdęciach.

Wartość energetyczna (porcji): **183 KCAL**

KOKTAJL „GREEN MIX”

białko: **6 g**; tłuszcze: **6 g**; węglowodany: **31 g**; błonnik: **9 g**

szpinak, liście .... mała garść (30 g)
jarmuż, liście .... mała garść (30 g)
kiwi, duże .... 1 szt. (100 g)
daktyle, suszone .... 3 szt. (13 g)
siemię lniane .... 3 łyżeczki (15 g)

Obrane kiwi i resztę składników umieść w blenderze. Dolej ⅓ szklanki wody i zblenduj całość.

Ten koktajl to prawdziwy miks dobroci: witaminy C, A, B_6, foliany i magnez! Zestawienie magnezu i witaminy B_6 jest idealne, gdyż poprawia ono przyswajalność magnezu. Jeżeli masz stresujący tryb życia, pijesz sporo kawy i do tego ćwiczysz, masz zwiększone zapotrzebowanie na magnez.

Wartość energetyczna (porcji): **186 KCAL**

KOKTAJL
ARBUZOWY

białko: 3 g; tłuszcze: 11 g; węglowodany: 23 g; błonnik: 6 g

arbuz, obrany .... szklanka (150 g)
truskawki .... ⅓ szklanki (50 g)
świeżo wyciskany sok z cytryny ...... 2 łyżki (12 g)
mięta, świeża .... 4 łyżki (24 g)
wiórki kokosowe .... 2 łyżki (16 g)

Zblenduj wszystkie składniki. Schłodź przed podaniem.

Utarło się, iż to cytrusy są bogate w witaminę C. Jednak to nasze lokalne truskawki mają jej o wiele więcej. Porcja ok. 90 g zapewnia dzienne zapotrzebowanie na tę witaminę. Po truskawki powinny sięgać osoby, które cierpią na anemię czy problemy z układem krwionośnym.

Wartość energetyczna (porcji): **180 KCAL**

KOKTAJL ANANASOWY

białko: 6 g; tłuszcze: 7 g; węglowodany: 27 g; błonnik: 5 g

ananas, świeży .... 4 plastry (120 g)
świeżo wyciskany sok z cytryny ...... 5 łyżek (30 g)
mięta, świeża .... 6 łyżek (32 g)
mleko kokosowe .... kubeczek (150 g)
olej kokosowy .... ½ łyżeczki (5 g)

Zmiksuj owoce z mlekiem i kokosem.
Przed podaniem wymieszaj z mrożonymi listkami mięty.

Ananas, kokos, cytryna i mięta przypominają o wakacjach i ciepłych krajach. Z dobroczynnych właściwości ananasa korzystają zawodowi sportowcy, gdyż wspomaga stan stawów, przyspiesza gojenie się ran, a także zmniejsza obrzęki i ból po urazach. Możesz dodawać go nie tylko do koktajli, ale też do sałatek, potrawek, aby nadać nowej nuty smakowej.

Wartość energetyczna (porcji): 180 KCAL

KOKTAJL
GRUSZKOWY Z MALINAMI

białko: 5 g; tłuszcze: 8 g; węglowodany: 30 g; błonnik: 9 g

maliny .... ½ szklanki (60 g)
gruszka, średnia .... 1 szt. (130 g)
migdały łuskane .... 3 łyżeczki (15 g)
imbir, korzeń .... ½ łyżeczki (2 g)
woda .... ⅓ szklanki (80 g)

Migdały pokrusz, dodaj obrany i pokrojony w plasterki imbir. Zalej gorącą wodą, mocz przez całą noc. Rano dodaj pozostałe składniki i zblenduj.

Imbir ma fantastyczne właściwości. Najlepiej stosować świeży, wtedy idealnie orzeźwia potrawy. Polepsza krążenie krwi i działa tym samym rozgrzewająco na organizm. Zimą, kiedy dopadnie Cię przeziębienie, herbata z imbirem postawi Cię na nogi. Olejki w świeżym korzeniu imbiru ułatwiają trawienie, działają rozkurczowo i łagodzą nudności.

Wartość energetyczna (porcji): **176 KCAL**

KOKTAJL
SEZONOWY CZERWONY

białko: 7 g; tłuszcze: 13 g; węglowodany: 26 g; błonnik: 10 g

truskawki .... ½ szklanki (60 g)
porzeczki czerwone........................... garść (60 g)
pomarańcza, mała.............................. ½ szt. (75 g)
migdały.. 2,5 łyżki (24 g)

Obierz pomarańczę. Zblenduj wszystkie składniki.

Połączenie truskawek, pomarańczy i porzeczek to prawdziwa bomba witaminy C. Dodatkowo żelazo i witamina E wspomogą szczególnie osoby zapracowane i bez energii. Taki koktajl doda Ci dużo więcej energii niż kawa.

Wartość energetyczna (porcji): **210 KCAL**

KOKTAJL „ZIELENI MOC”

białko: 8 g; tłuszcze: 7 g; węglowodany: 30 g; błonnik: 6 g

szpinak, liście .... garść (60 g)
świeżo wyciśnięty sok z cytryny ..... 4 łyżki (50 g)
jabłko, średnie .... 1 szt. (188 g)
spirulina suszona, zmielona .... łyżka (10 g)
oliwa z oliwek .... łyżeczka (5 g)

Zblenduj wszystkie składniki.

Spirulina to nic innego jak algi. Popularność zyskała, ponieważ zawiera dobre tłuszcze (kwas gamma-linolenowy) i dużo białka. Szczególnie polecana jest osobom na diecie wegetariańskiej i wegańskiej. Ze względu na wysoką zawartość antyoksydantów warto wprowadzić ją do swojego menu.

Wartość energetyczna (porcji): **180 KCAL**

ZIELONY KOKTAJL
Z ORZESZKAMI PINII

białko: 4 g; tłuszcze: 8 g; węglowodany: 31 g; błonnik: 5 g

pietruszka, natka	6 łyżek (24 g)
kiwi, średnie	1 szt. (100 g)
winogrona zielone	½ szklanki (60 g)
seler naciowy	2 łodygi (60 g)
woda	¼ szklanki (60 g)
orzeszki pinii	łyżka (10 g)

Obierz kiwi. Warzywa i owoce zblenduj z wodą mineralną. Posyp podprażonymi na patelni orzeszkami.

Orzeszki piniowe są bogatym źródłem witaminy K, która odpowiada za krzepliwość krwi. Dodatkowo wyróżniają się wysoką zawartością cynku, który ma wpływ na płodność u mężczyzn. Orzeszki pinii możesz śmiało zastąpić orzechami nerkowca.

Wartość energetyczna (porcji): **182 KCAL**

KOKTAJL
AWOKADO-OGÓREK

białko: 4 g; tłuszcze: 9 g; węglowodany: 34 g; błonnik: 8 g

awokado .... ¼ szt. (35 g)
ogórek-wąż, mały .... 1 szt. (110 g)
rukola .... mała garść (20 g)
kiwi, małe .... 1 szt. (80 g)
jabłko, średnie .... 1 szt. (120 g)
siemię lniane .... łyżeczka (5 g)

Obierz awokado. Zblenduj wszystkie składniki.

Awokado tak naprawdę jest owocem, jednak nietypowym. W odróżnieniu do innych owoców zawiera 15% tłuszczu, dlatego jest bardzo kaloryczne. Nie są to jednak puste kalorie. Zawiera dobre tłuszcze – kwas oleinowy, który wpływa na obniżenie poziomu cholesterolu. Dodatkowo awokado jest dobrym źródłem potasu.

S

Wartość energetyczna (porcji): **203 KCAL**

KOKTAJL
SZARLOTKOWY

białko: 4 g; tłuszcze: 6 g; węglowodany: 38 g; błonnik: 11 g

jabłko, średnie	1 szt. (188 g)
mandarynka, średnia	¼ szt. (12g)
imbir, korzeń	łyżeczka (8 g)
chia, nasiona	3 łyżeczki (15 g)
miód pszczeli	½ łyżeczki (7 g)
cynamon mielony	2 szczypty (2 g)
gałka muszkatołowa, mielona	szczypta (1 g)
goździki, zmielone	szczypta (1 g)

Obierz imbir i wydrąż jabłko. Zblenduj wszystkie składniki.

Wypij koktajl od razu po zmiksowaniu. Jeżeli będziesz go przechowywać, dodaj 2–3 łyżeczki soku z cytryny, aby nie zrobił się ciemniejszy. Przyprawy korzenne użyte do koktajlu nie tylko nadają aromatu, ale także wspierają metabolizm i poprawiają trawienie. Działają również przeciwzapalnie. Dlatego polecane są profilaktycznie w sezonie jesienno-zimowym.

Wartość energetyczna (porcji): **203 KCAL**

KOKTAJL
Z DYNIĄ

białko: 6 g; tłuszcze: 6 g; węglowodany: 41 g; błonnik: 8 g

dynia surowa, obrana	½ szklanki (125 g)
pomarańcza, mała	1 szt. (150 g)
banan, średni	½ szt. (60 g)
słonecznik łuskany	łyżka (10 g)

**Obraną dynię pokrój w kostkę.
Ułóż w naczyniu żaroodpornym i piecz
w nagrzanym piekarniku około 20 minut.
Obierz pomarańczę. Zblenduj wszystkie składniki.**

Dynia zawdzięcza swój pomarańczowy kolor barwnikowi o nazwie beta-karoten. Jest tym samym silnym przeciwutleniaczem, który może zapobiegać nowotworom. Dodatkowo działa ochronnie na wzrok. Dynia jest na tyle uniwersalna, iż może być składnikiem wytrawnych dań warzywnych i słodkich koktajli.

Wartość energetyczna (porcji): **213 KCAL**

KOKTAJL **WIŚNIOWY**

białko: 4 g; tłuszcze: 6 g; węglowodany: 36 g; błonnik: 4 g

banan, średni..1 szt. (120 g)
wiśnie...mała garść (50 g)
migdały..łyżka (10 g)
woda ....¼ szklanki (60 g)

Owoce bez pestek i gniazd nasiennych zblenduj z pozostałymi składnikami.

Wiśnie przede wszystkimi zawierają antyoksydanty – konkretnie antocyjany. Są również świetną dawką witaminy C, która m.in. uszczelnia naczynia krwionośne, a wraz z antocyjanami to działanie jest zintensyfikowane. Wiśnie dodatkowo są świetnym źródłem potasu wpływającego na odpowiednią pracę mięśni.

Wartość energetyczna (porcji): **195 KCAL**

KOKTAJL ZE SZPINAKIEM I MARCHEWKĄ

białko: 3 g; tłuszcze: 11 g; węglowodany: 24 g; błonnik: 6 g

szpinak, liście .... garść (40 g)
nektarynka, średnia .... 1 szt. (130 g)
marchew, mała .... 1 szt. (80 g)
olej kokosowy .... łyżka (10 g)
chili albo pieprz cayenne .... szczypta (1 g)

Obierz marchewkę i pokrój w cząstki. Nektarynkę pozbaw pestki, zblenduj z pozostałymi składnikami.

Mielone chilli i pieprz cayenne zawierają związek o nazwie kapsaicyna. Ma ona właściwości przeciwzapalne i przeciwbólowe. Przyprawy te używane są najczęściej do dań warzywnych, a świetnie pasują również do deserów i sałatek owocowych, a także do kakao na mleku. Ponieważ przyśpieszają przemianę materii, polecane są osobom chcącym zgubić zbędne kilogramy. Pamiętaj, że są to mocne przyprawy i należy je spożywać w umiarkowanych ilościach.

Wartość energetyczna (porcji): 180 KCAL

Health & Beauty

Koktajle są nie tylko praktyczne, ale przede wszystkim wspomagają nasze zdrowie. Zawierają moc antyoksydantów, czyli substancji odpowiedzialnych za niwelowanie złego wpływu wolnych rodników na organizm. Poprawia się dzięki nim stan cery, włosów i paznokci. Przy tak potężnej porcji witamin wzrasta również odporność.

Regularne spożywanie koktajlów to również mniejsza ochota na słodycze. Dzieje się tak, ponieważ napoje te zawierają sporą dawkę błonnika, który daje sytość na długo.

Dzienna porcja błonnika, jaką powinniśmy zjeść, to 25–35 g. To błonnik, między innymi, reguluje pracę jelit. Osoby z zaparciami, które wraz z wypijanymi koktajlami wprowadzą do diety dodatkową porcję warzyw i owoców, powinny odczuć wyraźną ulgę.

Wyciśnijmy z warzyw i owoców to, co najlepsze!

KOKTAJL
Z RUKOLI

białko: 4 g; tłuszcze: 6 g; węglowodany: 38 g; błonnik: 7 g

rukola .... garść (40 g)
jabłko, małe .... 1 szt. (100 g)
gruszka, średnia .... 1 szt. (156 g)
migdały .... łyżka (10 g)

Zblenduj wszystkie składniki.

Rukolę również można dodawać do koktajli. Jej lekko kwaśny i ostry smak świetnie komponuje się z owocami. Podobnie jak inne warzywa liściaste (np. szpinak) jest dobrym źródłem witaminy K. Ma ona także ważny wpływ na stan układu kostnego.

Wartość energetyczna (porcji): **200 KCAL**

KOKTAJL
Z MAKIEM

białko: 4 g; tłuszcze: 4 g; węglowodany: 39 g; błonnik: 5 g

banan, średni	1 szt. (120 g)
ananas, świeży	plaster (30 g)
poziomki	mała garść (40 g)
mak niebieski	2 łyżeczki (8 g)
woda	¼ szklanki (60 g)

Obierz banana i ananasa. Zblenduj wszystkie składniki.

Sezon na poziomki jest bardzo krótki, dlatego nie sposób nie wykorzystać go w pełni. Jeżeli zamrozisz je latem, zimą będziesz mogła cieszyć się ich smakiem. Możesz zastąpić je też truskawkami, gdyż zawierają również dużo witaminy C. Dzięki temu wspomogą układ odpornościowy w walce z wirusami i bakteriami.

Koktajl wypij bezpośrednio po treningu.

Wartość energetyczna (porcji): **182 KCAL**

KOKTAJL „MEGAMOC”

białko: 4 g; tłuszcze: 7 g; węglowodany: 36 g; błonnik: 7 g

burak, mały	1 szt. (100 g)
pomarańcza, mała	½ szt. (75 g)
granat, pestki	6 łyżek (90 g)
kurkuma mielona	szczypta (1 g)
oliwa z oliwek	łyżeczka (5 g)

Obierz buraka i pokrój w cząstki. Zblenduj z obraną pomarańczą, oliwą i kurkumą. Posyp pestkami granatu.

Kurkuma, granat, pomarańcza i burak: to połączenie to dawka energii i regeneracja po treningu. Jeżeli często trenujesz, te produkty na stałe powinny być w Twojej kuchni. To zestawienie składników warto stosować nie tylko w koktajlach, można zrobić z nich również sałatkę.

Wartość energetyczna (porcji): **194 KCAL**

KOKTAJL
TRUSKAWKOWY NA MAŚLANCE

białko: 8 g; tłuszcze: 6 g; węglowodany: 32 g; błonnik: 7 g

maślanka naturalna, 0,5% tłuszczu.......... kubeczek (150 g)
miód pszczeli.......... łyżeczka (14 g)
truskawki.......... szklanka (120 g)
otręby gryczane.......... łyżeczka (5 g)
orzechy włoskie, łuskane.......... 2 szt. (8 g)

Zblenduj wszystkie składniki.

Łuska gryczana jest świetnym źródłem błonnika. Niestety przez lata była niedoceniania. Teraz coraz częściej pojawia się na sklepowych półkach. Łuska ma w sobie wiele cennych składników: błonnik, chrom, mangan i magnez. W jednej łyżeczce (5 g) znajdują się aż 4 gramy błonnika. To ponad dwa razy więcej niż w otrębach pszennych! Na początku dodawaj po szczypcie łuski np. do koktajli czy owsianki i stopniowo możesz zwiększać ilość.

Wartość energetyczna (porcji): **203 KCAL**

KOKTAJL Z ANANASA I GREJPFRUTA

białko: 3 g; tłuszcze: 12 g; węglowodany: 22 g; błonnik: 4 g

ananas, świeży .... 3 plastry (90 g)
grejpfrut .... ¼ szt. (70 g)
mleko kokosowe .... 3 łyżki (40 g)
kurkuma mielona .... szczypta (1 g)
cynamon mielony .... szczypta (1 g)
sezam, nasiona .... łyżeczka (5 g)

Obierz grejpfruta i ananasa. Zblenduj wszystkie składniki.

Grejpfruty przed zjedzeniem należy obierać ze skórki. Jednak białe błonki między miąższem warto pozostawić. Zawierają one pektyny – to błonnik, który wpływa na obniżenie poziomu cholesterolu. Zatem dużo więcej korzyści zdrowotnych ma grejpfrut w cząstkach niż wyciśnięty z niego sok.

Wartość energetyczna (porcji): **190 KCAL**

KOKTAJL WARZYWNO-OWOCOWY

białko: 6 g; tłuszcze: 10 g; węglowodany: 34 g; błonnik: 8 g

burak, średni	¼ szt. (50 g)
jabłko, średnie	1 szt. (150 g)
marchew, mała	1 szt. (80 g)
sezam, nasiona	3 łyżeczki (15 g)

Zblenduj owoc z obranymi warzywami. Następnie dodaj sezam i zblenduj ponownie.

Buraki mają pozytywny wpływ na dostarczanie tlenu do komórek mięśniowych. Dlatego szczególnie polecane są osobom intensywnie trenującym. Buraki surowe lub w postaci soku często wspomagają osoby, które zmagają się z anemią. Buraki poprawiają również pracę przewodu pokarmowego i poprawiają odporność organizmu. Koktajl lub sok z surowego buraka jest zatem naturalnym power drinkiem.

Wartość energetyczna (porcji): **204 KCAL**

KOKTAJL „MOC PIETRUSZKI"

białko: 7 g; tłuszcze: 10 g; węglowodany: 22 g; błonnik: 6 g

pietruszka, natka	12 łyżek (50 g)
jabłko, małe	1 szt. (100 g)
ogórek-wąż, obrany	½ szt. (55 g)
świeżo wyciśnięty sok z cytryny	6 łyżek (36 g)
sezam, nasiona	3 łyżeczki (15 g)

Zblenduj wszystkie składniki.

Natka pietruszki działa moczopędnie, dlatego polecana jest w profilaktyce i leczeniu chorób układu moczowego. Natka poprawia również stan wzroku i cery dzięki wysokiej zawartości witamin A i E. Dodatkowo warto wspomagać się nią w celu poprawy trawienia i pracy jelit.

Wartość energetyczna (porcji): **176 KCAL**

KOKTAJL „CZEKOLADOWA CHIA”

białko: 7 g; tłuszcze: 12 g; węglowodany: 17 g; błonnik: 6 g

chia, nasiona .... 3 łyżeczki (15 g)
migdały .... łyżeczka (5 g)
mleko migdałowe .... ½ szklanki (125 g)
czekolada gorzka .... 2 kostki (10 g)

Mleko zblenduj z migdałami i czekoladą. Następnie dosyp nasiona chia. Odstaw na 30 minut, aż nasiona namokną.

W prawidłowym odżywianiu ważny jest zdrowy rozsądek. Gorzką czekoladę również można odpowiednio wkomponować w posiłki. Warto jednak postawić na jakość czekolady. Czekolada powinna składać się w minimum 70% z miazgi kakaowej. Im większa jej zawartość procentowa, tym lepiej.

Wartość energetyczna (porcji): 195 KCAL

KOKTAJL
À LA CHŁODNIK

białko: 9 g; tłuszcze: 9 g; węglowodany: 17 g; błonnik: 2 g

awokado .... ¼ szt. (35 g)
ogórek-wąż .... ½ szt. (90 g)
jogurt naturalny, 2% tłuszczu .... ⅔ szklanki (180 g)
koper, świeży .... łyżka (8 g)
papryka chili, płatki .... szczypta (1 g)

Jogurt zblenduj z obranym awokado, koperkiem i chili.
Dodaj starty ogórek i wymieszaj.
Schłodź przed podaniem.

Taki koktajl może sprawdzić się w gorące, letnie dni lub zimą. Głównym atutem ogórka jest to, iż praktycznie w całości składa się z wody. Wspomaga zatem odpowiednie nawodnienie.
Ma to wpływ na ogólną kondycję organizmu. Ogórek wspomaga również pracę układu moczowego i działa alkalizująco.

Wartość energetyczna (porcji): **180 KCAL**

KOKTAJL
AWOKADO-MALINA

białko: 5 g; **tłuszcze:** 15 g; **węglowodany:** 22 g; **błonnik:** 12 g

awokado .... ⅓ szt. (50 g)
maliny .... 2 garści (120 g)
jarmuż, liście .... mała garść (30 g)
orzechy brazylijskie .... łyżka (10 g)
melisa, świeża .... łyżka (5 g)

Obierz awokado. Zblenduj warzywa i owoce. Udekoruj pokruszonymi orzechami i listkami melisy.

Maliny to źródło przede wszystkim witaminy C. Polecane są szczególnie jesienią, gdyż działają napotnie. Koktajl ten wielostronnie wspiera zatem walkę z przeziębieniami. Dodatkowo maliny zawierają potas i żelazo – składniki tak ważne w prawidłowym funkcjonowaniu układu krążenia.

Wartość energetyczna (porcji): **193 KCAL**

KOKTAJL
Z BORÓWKAMI

białko: 5 g; tłuszcze: 11 g; węglowodany: 30 g; błonnik: 5 g

jarmuż, liście	mała garść (30 g)
banan, średni	½ szt. (60 g)
borówka amerykańska	garść (80 g)
orzechy laskowe	łyżka (16 g)

Zblenduj wszystkie składniki.

Borówki amerykańskie są popularne również w Polsce. Szczególne wspierają organizm w chorobach układu krążenia. Są silnym antyoksydantem. Mają zatem wysoką zdolność pochłaniania reaktywnych form tlenu. Dodatkowo wpływają na odpowiedni poziom cholesterolu.

Wartość energetyczna (porcji): **214 KCAL**

KOKTAJL WARZYWNY Z TRUSKAWKAMI

białko: 7 g; tłuszcze: 9 g; węglowodany: 27 g; błonnik: 8 g

burak, mały .... 1 szt. (100 g)
truskawki .... garść (120 g)
marchew, mała .... 1 szt. (60 g)
migdały .... 3 łyżeczki (15 g)
papryka chili, mielona .... szczypta (1 g)

**Obrane warzywa zblenduj z truskawkami.
Wymieszaj ze zmielonymi migdałami i dopraw chili.**

Ten koktajl to dawka uderzeniowa witaminy A i C. Zestawienie idealne wspierające stan skóry. Twoja odporność też dzięki niemu skorzysta. Aby witamina A miała szansę być przyswojona przez organizm, należy zadbać, żeby w koktajlu pojawił się też tłuszcz. Mogą to być migdały, pestki słonecznika, oliwa lub siemię lniane.

Wartość energetyczna (porcji): **180 KCAL**

KOKTAJL ŻURAWINOWY

białko: 5 g; tłuszcze: 7 g; węglowodany: 36 g; błonnik: 15 g

żurawina, świeża .... mała garść (40 g)
maliny .... szklanka (120 g)
szpinak, liście .... mała garść (30 g)
miód pszczeli.. łyżeczka (14 g)
siemię lniane .... 3 łyżeczki (15 g)

Zblenduj wszystkie składniki.

Żurawinę warto jeść przede wszystkim świeżą. Wpływa niezwykle korzystnie na dolegliwości pęcherza moczowego. Dzięki żurawinie zmniejsza się podatność dróg moczowych na zakażenia bakterią *Escherichia coli*. Pamiętaj, iż świeża żurawina ma najskuteczniejsze działanie.

Wartość energetyczna (porcji): **184 KCAL**

KOKTAJL
NA BAZIE POKRZYWY

białko: 5 g; tłuszcze: 10 g; węglowodany: 26 g; błonnik: 7 g

pokrzywa suszona, liście	2 łyżki (8 g)
awokado	¼ szt. (35 g)
świeżo wyciśnięty sok z cytryny	5 łyżek (30 g)
woda	½ szklanki (125 g)
siemię lniane	łyżka (10 g)
brzoskwinia, średnia	1 szt. (145 g)

Obierz awokado. Zaparz pokrzywę. Zblenduj wszystkie składniki.

Pokrzywa polecana jest osobom, które mają tendencje do nawracających niedoborów żelaza. Dodatkowo ma działanie moczopędne. Dlatego świetnie się sprawdza w leczeniu kamicy nerkowej, a także dny moczanowej.

Wartość energetyczna (porcji): **186 KCAL**

KOKTAJL
Z RUKOLĄ I PESTKAMI DYNI

białko: 5 g; tłuszcze: 13 g; węglowodany: 18 g; błonnik: 4 g

rukola	mała garść (30 g)
ogórek-wąż, obrany	½ szt. (55 g)
pestki dyni, łuskane	łyżka (14 g)
awokado	⅓ szt. (50 g)
świeżo wyciskany sok z cytryny	30 g
jagody goji, suszone	łyżeczka (10 g)

Obrane składniki zblenduj z sokiem. Posyp jagodami goji.

Goji to jagody pochodzące z Azji. Dzięki cennym właściwościom są popularne na całym świecie. Wszystko za sprawą antyoksydantów, które działają przeciwnowotworowo. Zawierają także cenne nienasycone kwasy tłuszczowe pozytywnie wpływające na prawidłowy profil lipidowy.

Wartość energetyczna (porcji): **187 KCAL**

KOKTAJL TRUSKAWKOWO-RABARBAROWY

białko: 7 g; tłuszcze: 10 g; węglowodany: 26 g; błonnik: 10 g

truskawki .... ¾ szklanki (125 g)
rabarbar .... 2 łodygi (75 g)
siemię lniane .... 2 łyżki (20 g)
mleko migdałowe .... ⅓ szklanki (80 g)
miód pszczeli .... ½ łyżeczki (7 g)

Rabarbar obierz z włókien. Zblenduj z resztą składników.

Rabarbar tak naprawdę jest warzywem. Ze względu na smak ma sporo zwolenników. Jest niskokaloryczny i ma sporo błonnika. Warto jednak pamiętać, iż spożywany zbyt często może wypłukiwać wapń z organizmu. Zawiera też sporo szczawianów, dlatego w sezonie powinien być spożywany w umiarkowanych ilościach.

Wartość energetyczna (porcji): **192 KCAL**

KOKTAJL
POMIDOROWY Z ZIELENINĄ

białko: 5 g; tłuszcze: 11 g; węglowodany: 20 g; błonnik: 5 g

pomidory, nieduże .... 2 szt. (300 g)
oliwa z oliwek .... łyżka (10 g)
pietruszka, natka .... 5 łyżek (20 g)
bazylia, świeża .... 2 łyżki (8 g)
płatki owsiane .... łyżka (10 g)

Pomidory pokrój w ćwiartki i pozbaw szypułek. Zblenduj z resztą składników.

Pomidory zawierają cenny likopen. Jest on mocnym antyoksydantem i chroni przed chorobami układu krążenia, m.in. zawałem serca. Pomaga również regulować poziom cholesterolu we krwi. Co ciekawe, dużo więcej likopenu zawierają przetworzone pomidory, np. w postaci domowego soku lub sosu pomidorowego, niż te jedzone na surowo w sałatce.

Wartość energetyczna (porcji): **180 KCAL**

KOKTAJL
Z JARMUŻEM I KIEŁKAMI

białko: 4 g; tłuszcze: 12 g; węglowodany: 24 g; błonnik: 7 g

jarmuż, liście .... garść (40 g)
awokado .... ½ szt. (70 g)
lucerna, kiełki .... łyżka (8 g)
jabłko, średnie .... 1 szt. (120 g)
świeżo wyciskany sok z limonki ...... 3 łyżki (20 g)

Obierz awokado. Zblenduj wszystkie składniki.

Wystarczy porcja tego koktajlu, aby pokryć dzienne zapotrzebowanie na witaminę C. Ponadto zielony eliksir polecany jest szczególnie osobom wyczerpanym i żyjącym w ciągłym stresie. Witaminy z grupy B i foliany zawarte w koktajlu wspomogą funkcjonowanie układu nerwowego.

Wartość energetyczna (porcji): **186 KCAL**

KOKTAJL
TRUSKAWKOWY Z CIECIORKĄ

białko: 7 g; tłuszcze: 5 g; węglowodany: 40 g; błonnik: 8 g

cieciorka gotowana bez soli .... 3 łyżki (60 g)
banan, średni .... ½ szt. (60 g)
orzechy włoskie, łuskane .... 1 szt. (4 g)
truskawki .... szklanka (120 g)

Zblenduj wszystkie składniki. Możesz dodać niewielką ilość wody (⅓ szklanki), jeżeli koktajl okaże się bardzo gęsty.

Ciecierzyca nazywana również cieciorką jest dobrym źródłem białka roślinnego. Nie musi być ona tylko dodatkiem do sałatek czy dań wytrawnych. Jeśli zmiksujesz ją z owocami, dostarczy aminokwasów potrzebnych po treningu. Ciecierzyca zawiera także nierozpuszczalną frakcję błonnika. Dzięki temu wspiera perystaltykę.

Wartość energetyczna (porcji): **215 KCAL**

ZIELONY KOKTAJL
Z JAGODAMI ACAI

białko: 9 g; tłuszcze: 4 g; węglowodany: 32 g; błonnik: 2 g

płatki owsiane .... 2 łyżki (20 g)
jogurt naturalny, 2% tłuszczu .... ½ szklanki (125 g)
jagody acai, proszek .... łyżeczka (5 g)
świeżo wyciśnięty sok z pomarańczy......... ⅓ szklanki (80 g)

Zblenduj wszystkie składniki.

Jagody acai pochodzą z Ameryki Południowej. Popularne są ze względu na wysoką zawartość różnych rodzajów przeciwutleniaczy (od resweratrolu po kwas elagowy). Dzięki nim znalazły są na szczycie listy ORAC – produktów żywnościowych uszeregowanych według zdolności pochłaniania reaktywnych form tlenu. Pojawiają się wciąż nowe doniesienia naukowe, które wskazują, iż jagody acai hamują rozwój komórek nowotworowych i procesy starzenia.

Wartość energetyczna (porcji): **213 KCAL**

KOKTAJL
AWOKADO-OGÓREK

białko: 9 g; tłuszcze: 8 g; węglowodany: 29 g; błonnik: 4 g

figa, świeża .... 1 szt. (40 g)
jogurt naturalny, 2% tłuszczu .... ½ szklanki (125 g)
brzoskwinia, mała .... 1 szt. (90 g)
słonecznik łuskany .... łyżka (10 g)

Obierz figę i zblenduj z resztą składników.

Figi świeże, jak i suszone zawierają sporo błonnika, który reguluje pracę jelit. Dlatego polecane są w problemach z zaparciami. Zwiększając porcję błonnika w codziennym jadłospisie, należy również pamiętać o wypijaniu odpowiedniej ilości płynów.

Wartość energetyczna (porcji): 204 KCAL

KOKTAJL
OWOCOWY Z OSTROPESTEM

białko: 11 g; tłuszcze: 5 g; węglowodany: 32 g; błonnik: 5 g

czarne jagody..½ szklanki (80 g)
banan, średni..½ szt. (60 g)
ostropest..łyżka (10 g)
mleko migdałowe....................................½ szklanki (125 g)
słonecznik łuskany ....łyżeczka (5 g)

**Zblenduj owoce z ostropestem i mlekiem.
Posyp ziarnami słonecznika.**

Ostropest dostarczy Ci silnego przeciwutleniacza – sylimaryny. Dzięki niej wątroba ma lepszą ochronę przed toksycznymi związkami i szybciej się regeneruje. Jeżeli w Twoim codziennym menu jest sporo przetworzonej żywności, produktów w proszku lub alkoholu, pozwól odetchnąć swojej wątrobie. Ostropest pomoże jej się odbudować.

Wartość energetyczna (porcji): **188 KCAL**

KOKTAJL TROPIKALNY Z KOKOSOWYM AKCENTEM

białko: 3 g; tłuszcze: 8 g; węglowodany: 31 g; błonnik: 7 g

papaja, obrana, pokrojona w kostkę .... ½ szklanki (80 g)
mango .... ⅓ szt. (80 g)
woda kokosowa .... ½ szklanki (125 g)
mięta, świeża .... 3 łyżki (20 g)
wiórki kokosowe .... 4 łyżeczki (12 g)

Obierz mango. Zblenduj owoce z wodą kokosową. Wymieszaj z wiórkami i posiekaną miętą.

W ramach podróży smakowych warto spróbować również egzotycznych owoców. Papaja pochodzi głównie z Ameryki Południowej. Zawarty w owocu enzym (papaina) poprawia trawienie białek w przewodzie pokarmowym. Wspiera tym samym pepsynę, która jest w naszym soku żołądkowym.

Wartość energetyczna (porcji): **188 KCAL**

KOKTAJL
Z CZERWONEJ KAPUSTY

białko: 6 g; **tłuszcze:** 6 g; **węglowodany:** 37 g; **błonnik:** 11 g

kapusta czerwona, poszatkowana	½ szklanki (60 g)
jabłko, średnie	1 szt. (188 g)
chia, nasiona	3 łyżeczki (15 g)
mleko migdałowe	¼ szklanki (60 g)
pietruszka, natka	2 łyżki (8 g)
świeżo wyciśnięty sok z cytryny	3 łyżki (20 g)

Jabłko wydrąż. Zblenduj wszystkie składniki.

To koktajl warzywny dla osób odważnych. W ramach zasady „wypij swoją sałatkę” warto spróbować nowych połączeń smakowych. Kapusta zawiera przede wszystkim witaminę C, błonnik i antocyjany. Sok z czerwonej kapusty wspomaga pracę wątroby, jelit i poprawia odporność organizmu.

Wartość energetyczna (porcji): **201 KCAL**

KOKTAJL Z BRUKSELKĄ

białko: 6 g; tłuszcze: 5 g; węglowodany: 45 g; błonnik: 8 g

brukselka .... 2 szt. (30 g)
mango .... ⅓ szt. (80 g)
gruszka, średnia .... 1 szt. (150 g)
orzechy nerkowca .... łyżka (10 g)
świeżo wyciśnięty sok z cytryny ..... 3 łyżki (18 g)

Brukselkę podziel na listki, opłucz w zimnej wodzie i odsącz. Obierz mango. Zblenduj wszystkie składniki.

Brukselka jest mało lubianym warzywem, jednak warto się do niej przekonać. Zawiera bowiem antybakteryjny i antyoksydacyjny sulforafan. Ten antyoksydant blokuje mutacje DNA. Jeżeli nie jesteś fanką brukselki, spróbuj dodać tylko jedną sztukę do koktajlu. Wtedy jej charakterystyczny smak nie przeważy w nim.

Wartość energetyczna (porcji): **180 KCAL**

KOKTAJL
PAPRYKOWY

białko: 5 g; tłuszcze: 6 g; węglowodany: 33 g; błonnik: 9 g

papryka czerwona, średnia	½ szt. (75 g)
jabłko, średnie	1 szt. (188 g)
pietruszka, natka	5 łyżek (20 g)
świeżo wyciśnięty sok z cytryny	2 łyżki (12 g)
siemię lniane	łyżka (10 g)

Paprykę pozbaw gniazd nasiennych.
Zblenduj wszystkie składniki.

Ten przepis przypadnie do gustu fanom koktajli warzywnych. Papryka czerwona jest świetnym źródłem witaminy C. Ma jej znacznie więcej niż cytrusy. Ponadto zawiera witaminy A i E. Dzięki temu wpływa na witalność i młody wygląd skóry.

Wartość energetyczna (porcji): **172 KCAL**

KOKTAJL POMARAŃCZOWO--ANANASOWY

białko: 2 g; tłuszcze: 11 g; węglowodany: 27 g; błonnik: 4 g

pomarańcza, mała	1 szt. (150 g)
ananas, świeży	2 plastry (120 g)
kurkuma mielona	szczypta (1 g)
imbir, korzeń	łyżeczka (5 g)
olej lniany	łyżka (10 g)

Obierz pomarańczę. Zblenduj wszystkie składniki.

Olej lniany jest jednym z najzdrowszych olejów. Zawiera niezwykle cenne jedno- i wielonienasycone kwasy tłuszczowe znane jako kawy omega-3 i omega-6. Skutecznie regulują one poziom cholesterolu HDL i LDL. Olej lniany zapobiega również problemom dermatologicznym: przesuszeniu, łuszczeniu się i odbarwieniu skóry.

Wartość energetyczna (porcji): **196 KCAL**

KOKTAJL
Z SELERA I JABŁKA

białko: 5 g; tłuszcze: 7 g; węglowodany: 32 g; błonnik: 8 g

seler korzeniowy, mały .... ¼ szt. (60 g)
jabłko, średnie .... 1 szt. (188 g)
pietruszka, natka .... 5 łyżek (20 g)
świeżo wyciśnięty sok z pomarańczy .... 3 łyżki (20 g)
sezam, nasiona .... 2 łyżeczki (10 g)

Sezam upraż na patelni na złoty kolor.
Seler obierz, zetrzyj na tarce o dużych oczkach i skrop sokiem z pomarańczy. Zblenduj wszystkie składniki.

Koktajle powinny składać się nie tylko z samych warzyw i owoców. Dużo wartości zdrowotnych i smakowych dają orzechy, płatki owsiane lub sezam. Wśród nasion to właśnie sezam przoduje w ilości fitosteroli. Dzięki nim zmniejsza ryzyko miażdżycy i nowotworów.

Wartość energetyczna (porcji): **180 KCAL**

KOKTAJL SZPINAKOWO--MARCHWIOWY

białko: 5 g; tłuszcze: 6 g; węglowodany: 36 g; błonnik: 7 g

szpinak, liście .... garść (40 g)
marchew, mała .... 1 szt. (60 g)
grejpfrut .... ¼ szt. (75 g)
banan, mały .... 1 szt. (80 g),
słonecznik łuskany .... łyżka (10 g)
goździki mielone .... szczypta (1 g)

Obierz marchew i grejpfruta. Zblenduj wszystkie składniki.

Wyjątkowy aromat goździków możesz poczuć w tym koktajlu. Gotowe, kupione zmielone goździki są bezpieczne jako dodatek do potraw. Oprócz walorów smakowych mają przede wszystkim działanie przeciwbólowe i znieczulające. Sprawdzają się szczególnie w przypadku bólu głowy i zębów.

Wartość energetyczna (porcji): **187 KCAL**

KOKTAJL OGÓRKOWO-SELEROWY

białko: 3 g; **tłuszcze:** 6 g; **węglowodany:** 33 g; **błonnik:** 7 g

Ogórek-wąż, mały	1 szt. (110 g)
seler naciowy	3 łodygi (90 g)
jabłko, średnie	1 szt. (188 g)
świeżo wyciśnięty sok z cytryny	3 łyżki (20 g)
imbir, korzeń	łyżka (10 g)
olej lniany	łyżeczka
skórka otarta z cytryny	szczypta (2 g)
kmin rzymski, mielony	szczypta (1 g)

Obierz warzywa ze skórki i włókien.
Zblenduj wszystkie składniki.

Pamiętaj, Twój organizm w większości składa się z wody.
Dlatego należy dbać o regularne uzupełnianie płynów.
Wodę dostarczysz, również z warzywami.
Ogórek i seler w 80–90 procentach są zbudowane z wody.

Wartość energetyczna (porcji): **175 KCAL**

TRENER
BE ACTIVE

Dla panów

Koktajle nie są zarezerwowane wyłącznie dla kobiet. Panowie również potrzebują potężnej dawki witamin i składników mineralnych. Koktajle w ich przypadku powinny dostarczać magnezu, selenu, cynku, potasu i witamin z grupy B. To również świetny sposób na odpowiednią porcję błonnika. Koktajle w tej sekcji na pewno przypadną panom do gustu. W przepisach uwzględniono zapotrzebowanie organizmu na dawkę witamin w trakcie intensywnego dnia.

Wprowadzone na stałe do męskiej diety koktajle wywołają zauważalną poprawę kondycji i bardziej efektywną regenerację po treningu. Z przepisów zgromadzonych w tym rozdziale mogą korzystać również panie.

Dbanie o zdrowie w duecie daje podwójny efekt!

KOKTAJL BURACZKOWO--TRUSKAWKOWY

białko: 5 g; tłuszcze: 12 g; węglowodany: 29 g; błonnik: 6 g

burak, średni .... ½ szt. (60 g)
truskawki .... szklanka (120 g)
mięta, świeża .... 2 łyżki (10 g)
płatki owsiane .... 2 łyżki (20 g)
olej kokosowy .... łyżeczka (10 g)

Buraka obierz, truskawki umyj i pozbaw szypułek. Zblenduj wszystkie składniki z miętą.

Osoby, które nie przepadają za burakami, mogą przekonać się do nich w tym koktajlu. Truskawki z miętą i dodatkiem buraka tworzą smaczne połączenie. Porcja witaminy C i żelaza jest kolejnym argumentem za tym koktajlem. Dodatkowo buraki dotleniają serce i regulują ciśnienie krwi. Wszystko przemawia za tym, iż są niezwykle korzystne dla zdrowia.

Wartość energetyczna (porcji): **222 KCAL**

KOKTAJL
PIETRUSZKOWY

białko: 9 g; tłuszcze: 10 g; węglowodany: 32 g; błonnik: 7 g

jabłko, duże .... 1 szt. (188 g)
mleko migdałowe .... ⅓ szklanki (80 g)
pietruszka, natka .... garść (30 g)
mak niebieski .... łyżeczka (4 g)
pestki dyni, łuskane .... 3 łyżeczki (15 g)

Zblenduj wszystkie składniki.

Pestki dyni, chociaż niepozorne, mają wiele cennych właściwości. Polecane są w profilaktyce nowotworów, m.in. raka prostaty. Ponadto posiadają wysoką zawartość tryptofanu. Ten aminokwas ma wpływ na poziom serotoniny, czyli tzw. hormonu szczęścia. Dodatkowo, dzięki zawartości witamin z grupy B, pestki wspomagają funkcjonowanie układu nerwowego.

Wartość energetyczna (porcji): **225 KCAL**

KOKTAJL
Z ARBUZEM

białko: 2 g; tłuszcze: 11 g; węglowodany: 36 g; błonnik: 5 g

arbuz, obrany .... ¾ szklanki (100 g)
pomarańcza, duża .... ¼ szt. (35 g)
jabłko, duże .... ⅓ szt. (60 g)
olej kokosowy .... łyżeczka (10 g)
płatki żytnie.. 2 łyżki (20 g)

Zblenduj wszystkie składniki.

Arbuz w 92 procentach składa się wody, zawiera także potas i wapń. Dzięki temu efektywnie nawadnia organizm. Arbuz rozszerza naczynia krwionośne, poprawiając tym samym przepływ krwi. Wpływa to na regenerację mięśni po treningu i potencję u mężczyzn.

Wartość energetyczna (porcji): **233 KCAL**

KOKTAJL
WIŚNIOWO-MORELOWY

białko: **9 g**; tłuszcze: **10 g**; węglowodany: **31 g**; błonnik: **5 g**

morele, małe	3 szt. (105 g)
wiśnie	garść (80 g)
migdały, łuskane	3 łyżeczki (15 g)
melisa, świeża	2 łyżki (10 g)
jogurt naturalny, 2% tłuszczu	⅓ szklanki (80 g)

Morele zblenduj z połową porcji jogurtu i migdałami, wiśnie z pozostałą częścią jogurtu i listkami melisy. Miksy układaj w szklance warstwami.

Koktajl wygląda i smakuje pysznie. Ale to nie koniec jego plusów. Dostarcza witamin A i B_2, które razem wpływają na stan błon śluzowych organizmu, m.in. przewodu pokarmowego. Dzięki porcji miedzi zmniejsza problemy z pamięcią i zwiększa koncentrację.

S

Wartość energetyczna (porcji): 230 KCAL

OSTRY KOKTAJL
Z DAKTYLAMI

białko: 8 g; tłuszcze: 8 g; węglowodany: 37 g; błonnik: 3 g

jogurt naturalny, 2% tłuszczu ....½ szklanki (125 g)
daktyle, suszone..................................4 szt. (18 g)
orzechy włoskie, łuskane ....2 szt. (8 g)
banan, średni...½ szt. (60 g)
chili albo pieprz cayenne..................szczypta (1 g)

Zblenduj wszystkie składniki.

Koktajl z daktylami uzupełni glikogen mięśniowy po ciężkim treningu. Dlatego daktyle polecane są sportowcom. Zawarte w nich witaminy z grupy B ukoją układ nerwowy. Tauryna obecna w daktylach zadziała uspokajająco na osoby żyjące w stresie.

Wartość energetyczna (porcji): **237 KCAL**

KOKTAJL **MALINOWY**

białko: 7 g; tłuszcze: 12 g; węglowodany: 32 g; błonnik: 16 g

maliny .... szklanka (120 g)
pomarańcza, mała .... ½ szt. (75 g)
mięta, świeża .... 2 łyżki (10 g)
orzechy brazylijskie .... 2 szt. (10 g)
imbir .... łyżeczka (5 g)
nasiona chia .... 3 łyżeczki (15 g)

Obierz imbir, zblenduj wszystkie składniki.
Możesz dodać kruszony lód.

Orzechy brazylijskie to idealne źródło selenu. Już dwa uzupełniają dzienne zapotrzebowanie na ten pierwiastek. Wpływają na zwiększenie odporności i jakość nasienia. Uważaj jednak, aby nie zjadać orzechów brazylijskich codziennie, ponieważ są bardzo kaloryczne. Jedz je rozsądnie.

Wartość energetyczna (porcji): **215 KCAL**

KOKTAJL
WAKACYJNY

białko: 2 g; tłuszcze: 16 g; węglowodany: 27 g; błonnik: 7 g

ananas, świeży .... 3 plastry (90 g)
melon kantalupa, obrany .... 1,5 szklanki (100 g)
wiórki kokosowe .... 3 łyżki (24 g)

Owoce obierz i pokrój w kostkę.
Zblenduj wszystkie składniki z kilkoma kostkami lodu.

Ten koktajl w upalne dni świetnie ugasi pragnienie. Połączenie melona i ananasa odpowiednio nawadnia i redukuje obrzęki. Koktajl zawiera również dużo błonnika, który daje uczucie sytości, i bromelainę, która poprawia przemianę materii.

Wartość energetyczna (porcji): **228 KCAL**

TRADYCYJNY KOKTAJL **Z BURAKA**

białko: 5 g; tłuszcze: 7 g; węglowodany: 42 g; błonnik: 11 g

burak, duży	⅓ szt. (40 g)
marchew, średnia	½ szt. (50 g)
jabłko, duże	1 szt. (190 g)
seler naciowy	łodyga (30 g)
świeżo wyciśnięty sok z pomarańczy	6 łyżek (50 g)
siemię lniane	3 łyżeczki (15 g)

Obierz warzywa. Wydrąż jabłko. Zblenduj wszystkie składniki.

Z marchwi i buraków zazwyczaj robi się soki. Warto jednak spróbować je zblendować, gdyż wtedy zachowują więcej cennych składników. Koktajle mają więcej błonnika niż soki. Ten koktajl świetnie ugasi pragnienie i uzupełni glikogen po treningu. Wypij go bezpośrednio po ćwiczeniach.

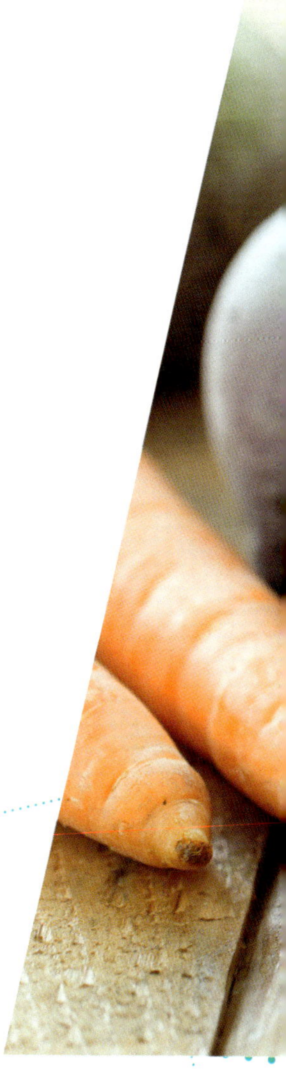

Wartość energetyczna (porcji): **222 KCAL**

KOKTAJL
Z AWOKADO I NATKĄ PIETRUSZKI

białko: **8 g**; tłuszcze: **14 g**; węglowodany: **16 g**; błonnik: **2 g**

kefir, 2% tłuszczu	kubeczek (180 g)
awokado	½ szt. (70 g)
pieprz czarny mielony	szczypta (1 g)
świeżo wyciśnięty sok z cytryny	2 łyżki (12 g)
pietruszka, natka	łyżka (4 g)

Obierz awokado.
Zblenduj wszystkie składniki.

Fermentowane produkty mleczne – takie jak kefir – są naturalnym źródłem probiotyków. Te pożyteczne bakterie w kefirze regulują pracę jelit i wspierają odporność. W trakcie kuracji antybiotykami i po niej należy wspomagać stan flory bakteryjnej jelit.

Wartość energetyczna (porcji): **211 KCAL**

KOKTAJL TRUSKAWKOWO--JEŻYNOWY Z KOMOSĄ RYŻOWĄ

białko: 10 g; tłuszcze: 7 g; węglowodany: 29 g; błonnik: 6 g

komosa ryżowa, gotowana	3 łyżki (45 g)
jogurt naturalny, 2% tłuszczu	½ szklanki (125 g)
truskawki	garść (100 g)
jeżyny	mała garść (40 g)
sezam, nasiona	łyżeczka (5 g)

Zmiksuj wszystkie składniki.

Zamiast płatków lub otrębów do koktajli można dodawać również inne produkty, np. komosę ryżową. To pseudozboże jest źródłem niezbędnych aminokwasów egzogennych. Nasz organizm nie potrafi ich sam wytworzyć, dlatego należy ich dostarczyć wraz z jedzeniem.

Wartość energetyczna (porcji): **205 KCAL**

KOKTAJL
Z AWOKADO I BANANA

białko: **13 g**; tłuszcze: **11 g**; węglowodany: **65 g**; błonnik: **6 g**

awokado, obrane .... pół -> 1/4 sztuki (35 g)
banan, obrany .... średnia sztuka (120 g)
płatki owsiane .... 3 łyżki (30 g)
jogurt naturalny, 2% tłuszczu .... kubek (150 g)
świeżo wyciśnięty sok z cytryny ..... 3 łyżki (20 g)
jagody goji, suszone .... łyżeczka (4 g)

Zmiksuj wszystkie składniki.

Wypij go w pierwszej godzinie po treningu. To bardzo sycący koktajl. Uzupełnisz nim witaminy z grupy B. Twój układ nerwowy będzie działał bez problemów. Dodatkowo dostarczysz porządną porcję składników mineralnych wykorzystanych w trakcie treningu. Potas i magnez należy uzupełniać na bieżąco.

S

Wartość energetyczna (porcji): **400 KCAL**

KOKTAJL
Z BRZOSKWINIĄ

białko: 11 g; tłuszcze: 7 g; węglowodany: 34 g; błonnik: 7 g

jogurt naturalny, 2% tłuszczu ....kubek (180g)
nasiona chia..łyżka (10g)
brzoskwinia, sztuka ....średnia sztuka (150g)
kurkuma mielona ....szczypta

Zblenduj wszystkie składniki.

Nasiona chia mają szereg pożytecznych właściwości dla naszego ciała. Szczególnie mężczyznom przysłużą się dzięki sporej dawce składników mineralnych takich jak magnez, potas i cynk. Dodatkowo nasiona chia wspomagają funkcjonowanie flory bakteryjnej jelit. Zatem lepsza perystaltyka to ich zasługa.

Wartość energetyczna (porcji): **230 KCAL**

KOKTAJL „BIAŁKOWE WZMOCNIENIE”

białko: **20 g**; tłuszcze: **10 g**; węglowodany: **35 g**; błonnik: **4 g**

truskawki .... garść (120 g)
jogurt naturalny, 2% tłuszczu .... kubek (180 g)
białko jaja kurzego, gotowane .... sztuka (33 g)
migdały .... łyżka (10 g)
spirulina, suszona .... łyżka (10 g)
miód pszczeli .... łyżeczka (14 g)

Białko jaja ugotuj.
Zblenduj wszystkie składniki.

Jeżeli potrzebujesz uzupełnić białko po treningu, przygotuj ten koktajl. Białko jaja zawiera cenne aminokwasy, które są niezbędne po wysiłku fizycznym. Dziwi Cię jajko w koktajlu owocowym? Jeżeli zblendujesz je dokładnie z owocami, nawet nie poczujesz jego obecności. W tym koktajlu źródłem białka, ale tym razem roślinnego, jest spirulina.

Wartość energetyczna (porcji): **290 KCAL**

KOKTAJL
AWOKADO Z ZIELENINĄ

białko: 4 g; tłuszcze: 12 g; węglowodany: 31 g; błonnik: 7 g

awokado..pół sztuki (75 g)
jabłko ....średnia sztuka (180 g)
ogórek-wąż....................................¼ sztuki (40 g)
szpinak...garść (30 g)
pietruszka, natka...........................2 łyżki (10 g)
świeżo wyciśnięty sok z cytryny .....3 łyżki (20 g)

Zblenduj wszystkie składniki.

Zestawienie ogórka i natki pietruszki świetnie gasi pragnienie. Awokado nadaje kremową konsystencję, a szpinak idealnie zielony kolor koktajlowi. Warto zawsze dodać do koktajlu sok z cytryny lub limonki, aby był dość kwaśny. Po tym koktajlu znika pokusa na słodycze.

To nasz ulubiony koktajl – Ewa i Lefteris.

Wartość energetyczna (porcji): **213 KCAL**

KOKTAJL
Z MASŁEM MIGDAŁOWYM

białko: **16 g**; tłuszcze: **16 g**; węglowodany: **42 g**; błonnik: **6 g**

masło migdałowe, bez soli................łyżeczka (17 g)
jogurt naturalny, 2% tłuszczu ....szklanka (250 g)
pomarańcza..mała sztuka (200 g)
cynamon mielony...............................szczypta

Obraną pomarańczę zblenduj z resztą składników.

Taka porcja białka przyda się po treningu szczególnie panom. Masła migdałowe czy orzechowe są świetnym sposobem na wzbogacenie koktajlu w białko. Same owoce i warzywa w niewielkim stopniu uzupełnią kaloryczne straty po treningu. Dlatego warto wspomagać się produktami, które w małej porcji zawierają sporo energii. Dodatkowo tym koktajlem uzupełnisz straty wapnia w organizmie.

Wartość energetyczna (porcji): **345 KCAL**

KOKTAJL
Z JARMUŻEM I KIWI

białko: 4 g; tłuszcze: 6 g; węglowodany: 39 g; błonnik: 6 g

kiwi ....2 małe (120 g)
banan, obrany ....mała sztuka (80 g)
jarmuż ....garść (30 g)
orzechy włoskie ....2 sztuki (8 g)
imbir korzeń ....kilka plasterków (2 g)

Zblenduj wszystkie składniki.

To kolejna propozycja dla osób intensywnie ćwiczących. Porcja witaminy B_6 i magnezu działa niezwykle korzystnie w tym zestawieniu. Dodając orzechy włoskie, dostarczasz między innymi kwas fenolowy i elagowy. Unieszkodliwiają one związki rakotwórcze. Chociaż orzechy włoskie mają dość sporo kalorii, wystarczy nawet ich mała porcja do poprawy zdrowia.

Wartość energetyczna (porcji): **205 KCAL**

KOKTAJL
CYTRUSOWY Z NATKĄ PIETRUSZKI

białko: 6 g; tłuszcze: 8 g; węglowodany: 29 g; błonnik: 7 g

pomarańcza, obrana	mała sztuka (150 g)
grejpfrut, obrany	¼ szt. (70 g)
pietruszka, natka	mała garść (20 g)
słonecznik, łuskany	3 łyżeczki (15 g)

Zblenduj wszystkie składniki.

Ten lekki koktajl może być Twoim dodatkiem do I lub II śniadania. Poranna porcja antyoksydantów – witaminy C, A i E. Ten smak na pewno szybko postawi Cię na nogi, warto znaleźć zamienniki dla kawy. Orzeźwienie gwarantowane. Pamiętaj, aby nie obierać owoców z białych błonek pomiędzy miąższem, gdyż w nich zawarty jest cenny błonnik.

Wartość energetyczna (porcji): **187 KCAL**

KOKTAJL JAGLANO-OWOCOWY

białko: 9 g; tłuszcze: 4 g; węglowodany: 42 g; błonnik: 4 g

banan, średni, obrany .... ½ sztuki (60 g)
kasza jaglana, gotowana.................... 2 łyżki (30 g)
jogurt naturalny, 2% tłuszczu .... kubeczek (150 g)
mandarynki małe, obrane................. 2 sztuki (74 g)
młody jęczmień, proszek.................. łyżeczka (2 g)

Zblenduj wszystkie składniki.

Młody jęczmień ma właściwości antyoksydacyjne i przeciwzapalne. Warto raz na jakiś czas dodawać go do koktajli, owsianek lub wypijać w postaci naparu. Zawiera on również rozpuszczalny błonnik, który daje poczucie sytości. Wprowadzając nowości do swojego sposobu żywienia, warto obserwować organizm. Zatem nie krocz ślepo za modą, tylko słuchaj swojego ciała.

Wartość energetyczna (porcji): **231 KCAL**

KOKTAJL
MALINOWY Z TWAROGIEM

białko: **16 g**; tłuszcze: **5 g**; węglowodany: **56 g**; błonnik: **15 g**

ser twarogowy półtłusty.................plaster (50 g)
pomarańcza, mała.............................½ sztuki (75 g)
maliny ....duża garść (150 g)
jogurt naturalny, 2% tłuszczu ....2 łyżki (40 g)
płatki żytnie.......................................3 łyżki (30 g)

Zblenduj wszystkie składniki.

Ważne jest, aby po ciężkim treningu uzupełnić białko i węglowodany. Ten koktajl Ci to zapewni. Gotowe koktajle proteinowe często wzbogacane są w słodziki, barwniki lub inne niepożądane związki. Dlatego warto samemu komponować koktajle, aby znać ich skład. Dodatkowo to zestawienie produktów dostarczy Ci połowę dziennej porcji błonnika.

Wartość energetyczna (porcji): **270 KCAL**

KOKTAJL „OWOCOWE OCHŁODZENIE”

białko: 2 g; tłuszcze: 10 g; węglowodany: 19 g; błonnik: 3 g

Arbuz, obrany .... szklanka (100 g)
melon miodowy (żółty), obrany .... szklanka (100 g)
olej kokosowy .... łyżeczka (10 g)
mięta, świeże listki .... mała garść (20 g)

Owoce obierz i pokrój w kostkę.
Zblenduj wszystkie składniki z kilkoma kostkami lodu.

Ten koktajl świetnie sprawdzi się w upalne dni, efektywnie nawodni organizm. Melon i arbuz są krewnymi dyni i podobnie jak ona zawierają karotenoidy. Te antyoksydanty szczególnie wspierają wzrok i skórę. Mimo iż te owoce mają wysoki indeks glikemiczny, w odpowiednim zestawieniu przysłużą się organizmowi.

Wartość energetyczna (porcji): **167 KCAL**

Edipresse Polska SA
ul. Wiejska 19
00-480 Warszawa

Dyrektor ds. książek: **Iga Rembiszewska**
Redaktor inicjujący: **Natalia Gowin**
Produkcja: **Klaudia Lis**
Marketing i promocja: **Renata Bogiel-Mikołajczyk, Beata Gontarska**
Digital i projekty specjalne: **Katarzyna Domańska**
Dystrybucja i sprzedaż:
Izabela Łazicka (tel. 22 584 23 51), **Beata Trochonowicz** (tel. 22 584 25 73),
Andrzej Kosiński (tel. 22 584 24 43)

Redakcja: **Ewa Charitonow**
Korekta: **Edytorial.com.pl Izabela Jesiołowska**
Projekt graficzny okładki i stron tytułowych:
Paweł Panczakiewicz/PANCZAKIEWICZ ART.DESIGN – www.panczakiewicz.pl
Projekt graficzny makiety, skład i łamanie:
Katarzyna Lubańska/Studio KARANDASZ – www.karandasz.com.pl

Zdjęcia: archiwum prywatne **Ewy Chodakowskiej, Shutterstock**
Zdjęcie na I stronie okładki: **Marcin Klaban**
Zdjęcia na IV stronie okładki: **Bebio Sp. z o.o.**

EDIPRESSE
KSIĄŻKI

Biuro Obsługi Klienta
www.hitsalonik.pl
mail: bok@edipresse.pl
tel.: 22 584 22 22
(pon.-pt. w godz. 8.00-17.00)
www.facebook.com/edipresseksiazki
www.instagram.com/edipresseksiazki

Druk i oprawa: Zapolex, Toruń
Książka została wydrukowana na papierze Omni silk 150 g dostarczonym przez firmę Igepa

IGEPA

ISBN 978-83-7945-815-8